AF349192

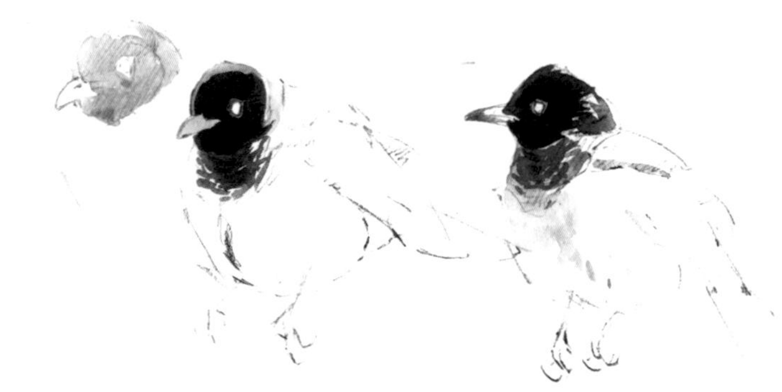

© 2017, Ediciones Rodeno
   Subida al fuerte, 4. 46400 Cullera (Valencia)
   www.edicionesrodeno.com

Traducción al inglés por: Carol McArthur

Depósito legal: V-1143-2017
ISBN: 978-84-946709-1-6

Impreso en España - Printed in Spain

ROMEU IMPRENTA
www.romeuimprenta.com

ETOSHA

Dibujando la naturaleza africana / Drawing African nature

Francisco Hernández

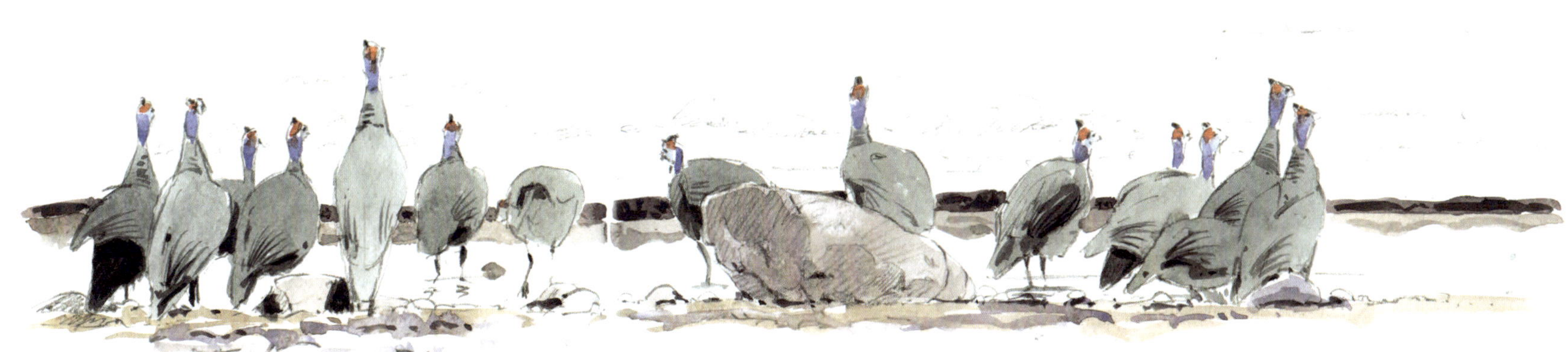

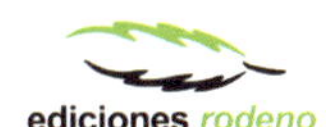

ediciones *rodeno*

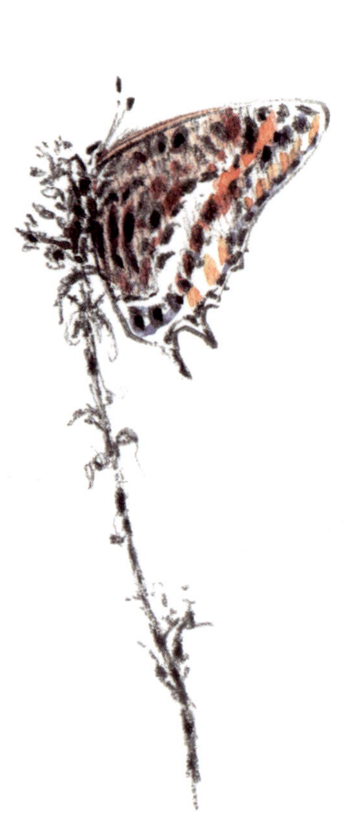

A mis padres,
Francisco y Filomena.

prólogo

La llamada de África no es un mito. Existe. Pocos visitantes tienen la capacidad de oírla. Francisco Hernández la sabe escuchar. Y la entiende. Su mirada de pintor capta lo fugaz, se regocija con la luz del amanecer, ve donde otros no ven. Así supo plasmar en su cuaderno de dibujo el alma de Etosha, reserva de fauna grande y antigua de Namibia.

Algo tiene este territorio para los pintores. Será su luz, serán sus pozos de agua. Cuando en la época seca los ríos se tornan de arena, los seres vivos se obligan a encontrarse. En la sabana árida los puntos de agua acercan a unos y otros, incluidos humanos. La sed permite captar con detalle asombroso al otro, ver de cerca el músculo que tiembla, el ojo avizor, el poder de la fuerza. Será por eso que hace milenios el hombre verdadero —el 'San', primer *Homo sapiens* que pobló la Tierra, cazador recolector bosquimano— se enfebrecía pintando como loco los animales en las rocas desde las que acechaba las presas en los manantiales de Namibia.

Camino de Etosha hay una poza llamada Twyfelfontein. Concentra bellos grabados rupestres. En apenas quince lajas de piedra que la rodean hay 2.500 animales dibujados por miles de generaciones de 'San'. Cerca de Etosha, en Brandberg, la grandiosa montaña isla donde se encontró al insecto Gladiator, primer género del reino animal descrito en un siglo, y aún quedan elefantes del desierto, hay 50.000 grabados y pinturas dispersos en mil yacimientos de arte rupestre. Densidad asombrosa para un territorio despoblado. Los 'San' no llegan a uno cada dos kilómetros cuadrados.

A este frenesí pictórico que impera en Namibia desde la noche de los tiempos se sumó con la humildad, sensibilidad y conexión con lo salvaje libre de un artista 'San', Francisco Hernández. Este libro ofrece el resultado. Disfrútalo.

Benigno Varillas, explorador de lo salvaje, vivió en Namibia en 2001 y 2003.

prologue

The call of Africa is no myth. It exists. Few visitors can hear it. Francisco Hernández can hear it. And he understands it. His artist's gaze captures the fleeting details, rejoices in the dawn light, and sees what others do not. He successfully expressed this in his sketchbook el alma de Etosha, reserva de fauna grande y antigua de Namibia.

This land has something special for artists. It might be the light, or the waterholes. When the rivers turn to sand during the dry season, living beings are forced to meet. In the savannah, water brings all beings together, including humans. Thirst allows you to capture others in stunning detail, to see the trembling muscle up close, the watchful eye, the power of strength. That will be why millennia ago the true man —the San: the first *Homo sapiens* to inhabit the Earth, a Bushman hunter gatherer— feverishly painted animals on the rocks from where he would stalk his prey at the springs of Namibia.

On the road to Etosha there is a spring called Twyfelfontein. It features many beautiful examples of rock engravings. 2,500 animals have been drawn by thousands of generations of San on barely fifteen stone slabs spread around the spring. Near Etosha, in Brandberg, the magnificent island mountain where the Gladiator insect was discovered —the first genus of the animal kingdom described in a century— and where there you can still find desert elephants, there are 50,000 engravings and paintings spread around a thousand rock art sites. A staggering density for an unpopulated area, with less than one San every two square kilometres.

This pictorial frenzy that has prevailed in Namibia since the dawn of time is added to the humility, sensitivity and connection with wildlife of a San artist, Francisco Hernández. This book is the result. Enjoy it.

Benigno Varillas, wildlife explorer, who lived in Namibia from 2001 to 2003

introducción

Tengo el privilegio de vivir en este incomparable rincón del mundo desde hace más de veinte años. Namibia, en el suroeste de África, es un país de hermosos contrastes, amplios horizontes y cielos infinitos. En este país inmenso y poco poblado, habitan desde los veloces guepardos hasta las aves más delicadas, desde los humildes aloes a las exuberantes jacarandas.

No he visto nunca a Francisco, y sin embargo, creo conocerlo bien; te cautiva con su arte, en el que consigue plasmar la belleza, en todo su esplendor, de la Tierra y de sus criaturas.

En sus láminas, descubres el amor a la naturaleza y el alma apasionada que guía sus lápices y pinceles. Me impresiona la delicadeza del trazo, el mimo en el detalle, el equilibro en los tonos. Los animales palpitan mientras los miras; las plantas se mecen con la brisa; los ríos fluyen, al contemplarlos, en los perfectos matices del agua y la tierra.

Francisco respira e insufla energía en cada trazo. Sus lienzos captan la majestuosidad de los animales salvajes, en un hábitat inhóspito; las sombras revelan la magia de la lluvia a su paso por el desierto, esa lluvia bendita que despierta los paisajes yermos y los transforma en un torrente de colores imposibles. Sus pasos te guían por veredas solitarias, para encontrar en el terreno más árido, el milagro de la vida, que parece nacer de la nada.

Admito que estas líneas son un mero intento de describir la emoción que despierta en mí, y de seguro en el lector, la maestría de este artista. Si tuviera que definirla con pocas palabras, sin duda diría que su obra es una comunión con el Universo. Cuando te deleitas en estas páginas, sabes que no eres más que una mota de polvo en un mundo magnífico, en el que la vida emerge de la forma más insólita; sabes que, como una piedra, un árbol o una hormiga, tan solo eres una expresión magistral, un diminuto, pero poderoso y sabio soplo de vida.

Isabel García-Fernández
Periodista
En Windhoek, a 25 de febrero de 2017

introduction

I have had the privilege of living in this incomparable corner of the world for over twenty years. Namibia, in Southeast Africa, is a country of beautiful contrasts, vast horizons and endless skies. This immense and scarcely populated country is home to the swift cheetah and delicate birds, humble aloes and lush jacarandas.

I have never met Francisco, yet I feel like I know him well; he enraptures you with his art, conveying the beauty of the Earth and its creatures in all its splendour.

In his prints you discover the love for nature and the passionate soul that guide his pencils and brushes. I am impressed by the delicate traces, attention to detail and balanced tones. The animals pulsate as you look at them; the plants sway in the breeze; the rivers flow, as you contemplate them, with the perfect hues of the water and land.

Francisco breathes and exudes energy in every stroke. His canvases capture the majesty of wild animals in an inhospitable habitat; the shading reveals the magic of the rain as it passes through the desert; that blessed rain that awakens the barren landscapes and transforms them into a torrent of impossible colours. His steps guide you along solitary paths to find the most arid terrain, the miracle of life which seems to appear out of nowhere.

I admit that these lines are a mere attempt at describing the emotion that the mastery of this artist awakens in me, and surely in the reader too. If I had to define it in a few words, I would undoubtedly say that his work is a communion with the Universe. While enjoying these pages, you know that you are no more than a speck of dust in a magnificent world, where life emerges in the most unusual way; you know that, like a stone, a tree or an ant, you are just a masterful expression, a miniscule yet powerful and wise breath of life.

Isabel García-Fernández
Journalist
Windhoek, 25 February 2017

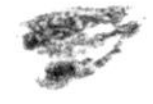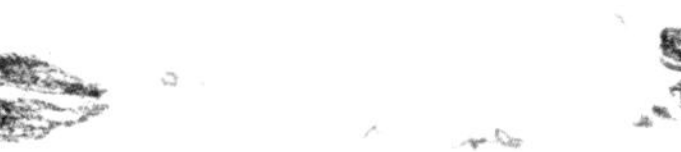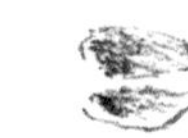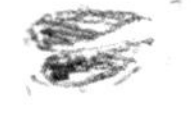

Parque Nacional de Etosha

El P.N. de Etosha, está situado al norte de Namibia y sus 22.000 km² lo convierten en el Parque Nacional con la mayor extensión de todo el continente africano y uno de los más grandes del mundo. Dos ecosistemas lo caracterizan, bosque bajo con matorral y sabana, y las depresiones saladas que se inundan en la temporada de lluvias siendo la conocida como Etosha la más extensa y la que da nombre al Parque Nacional.

Al sur de esta depresión salada existe un rosario de charcas que durante la estación seca conservan agua de modo que se convierten en puntos de atracción de toda la fauna, que acude a ellas para beber. Las más conocidas, alimentadas por manantiales permanentes, son de oeste a este, Okaukuejo, Halali y Namutoni, que cuentan con campamentos vallados, de modo que es posible permanecer cerca de estos lugares durante días sin necesidad de abandonar el parque al anochecer e incluso, observar la fauna que acude a beber durante la noche. El número de visitantes que recibe, si lo comparamos con otros grandes espacios naturales de África, nos permite advertir que está lejos de ser un lugar masificado. Estas particularidades convierten a Etosha en un lugar privilegiado para la observación de fauna. En la época de lluvias la fauna se dispersa por un área que equivale a una cuarta parte de la región andaluza.

Los mamíferos más abundantes son la gacela saltarina (*Antidorcas marsupialis*) y la cebra de Burchell (*Equus burchellii*). Más de 100 especies de mamíferos y más de 300 especies de aves entre residentes y migratorias, habitan este espacio. Las especies arbóreas más frecuentes son, además del Mopane (*Colophospermun mopane*), numerosas especies del género Acacia.

Etosha National Park

Etosha NP can be found to the north of Namibia, its 22,000 km² make it the largest National Park on the African continent, and one of the largest in the world. It is known for two ecosystems: lowland forest with scrubland and savannah, and salt pans that flood during the rainy season; the Etosha pan is the largest and gives the park its name.

To the south of this pan lie a series of waterholes that retain water during the dry season, attracting all the local fauna to drink there. They are fed by permanent springs and, from west to east, the most famous are: Okaukuejo, Halali and Namutoni. These waterholes have fenced camps so that you can spend days nearby without having to leave the park at sunset, you can even observe the fauna that come to the area to drink at night. The number of visitors, compared to other major natural spaces in Africa, tells us that this park is far from being crowded. These distinctive features make Etosha a privileged spot for observing fauna and during the rainy season the animals are dispersed around an area equivalent to a quarter of Andalusia.

The most numerous mammals are the springbok (*Antidorcas marsupialis*) and the Burchell's zebra (*Equus burchellii*). This space is home to over 100 species of mammal and more than 300 resident and migratory bird species. The most frequent tree species are the mopane (*Colophospermun mopane*) and various species of the Acacia genus.

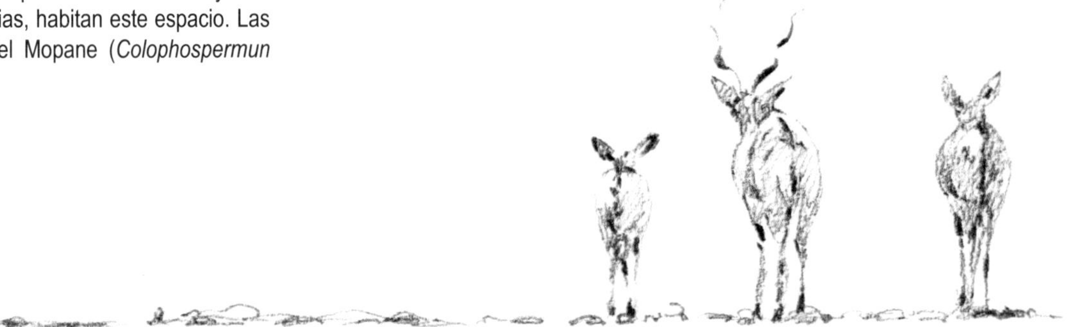

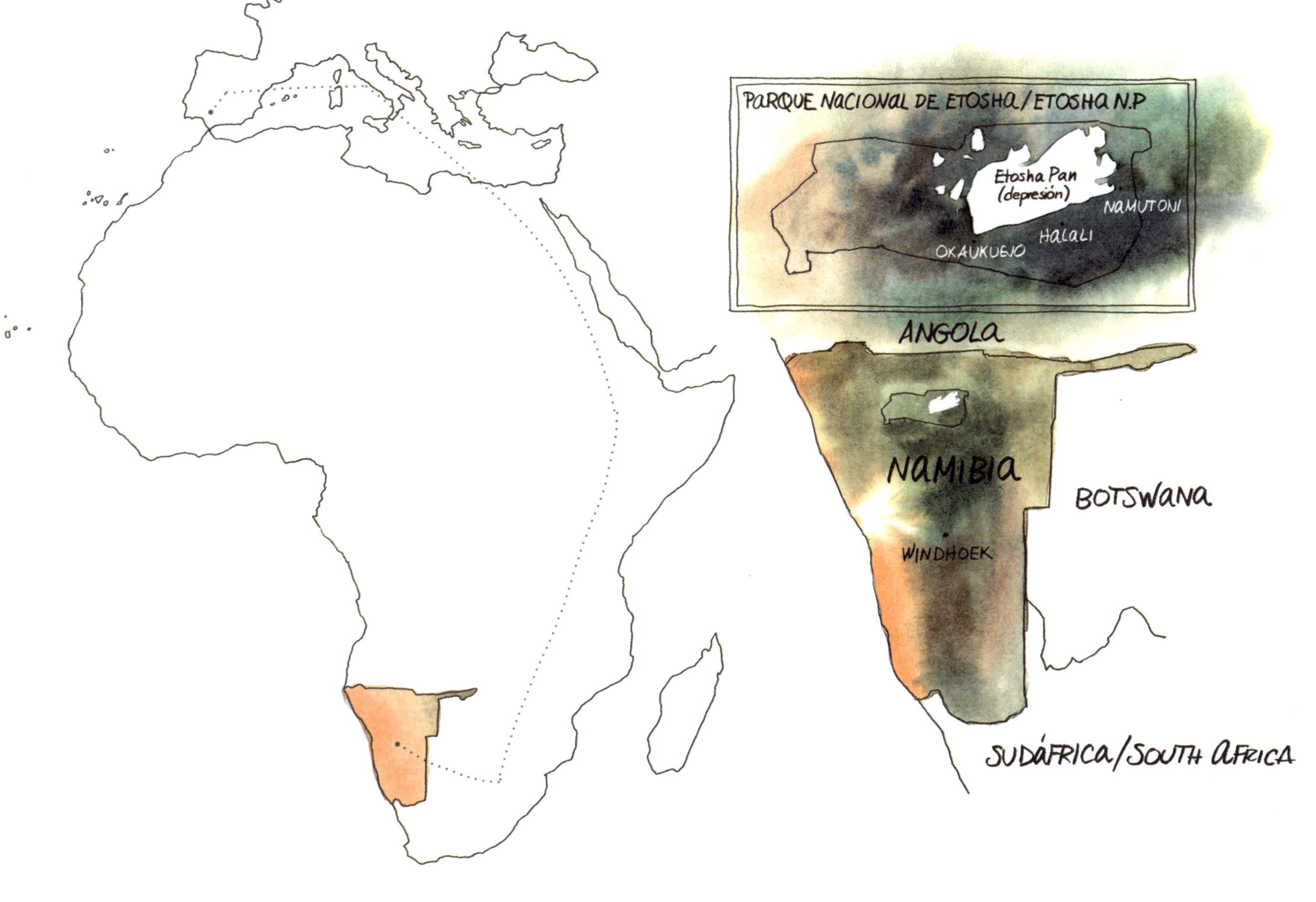

PARQUE NACIONAL DE ETOSHA / Etosha N.P
Etosha Pan (depresión)
NAMUTONI
HALALI
OKAUKUEJO
ANGOLA
NAMIBIA
BOTSWANA
WINDHOEK
SUDÁFRICA / SOUTH AFRICA

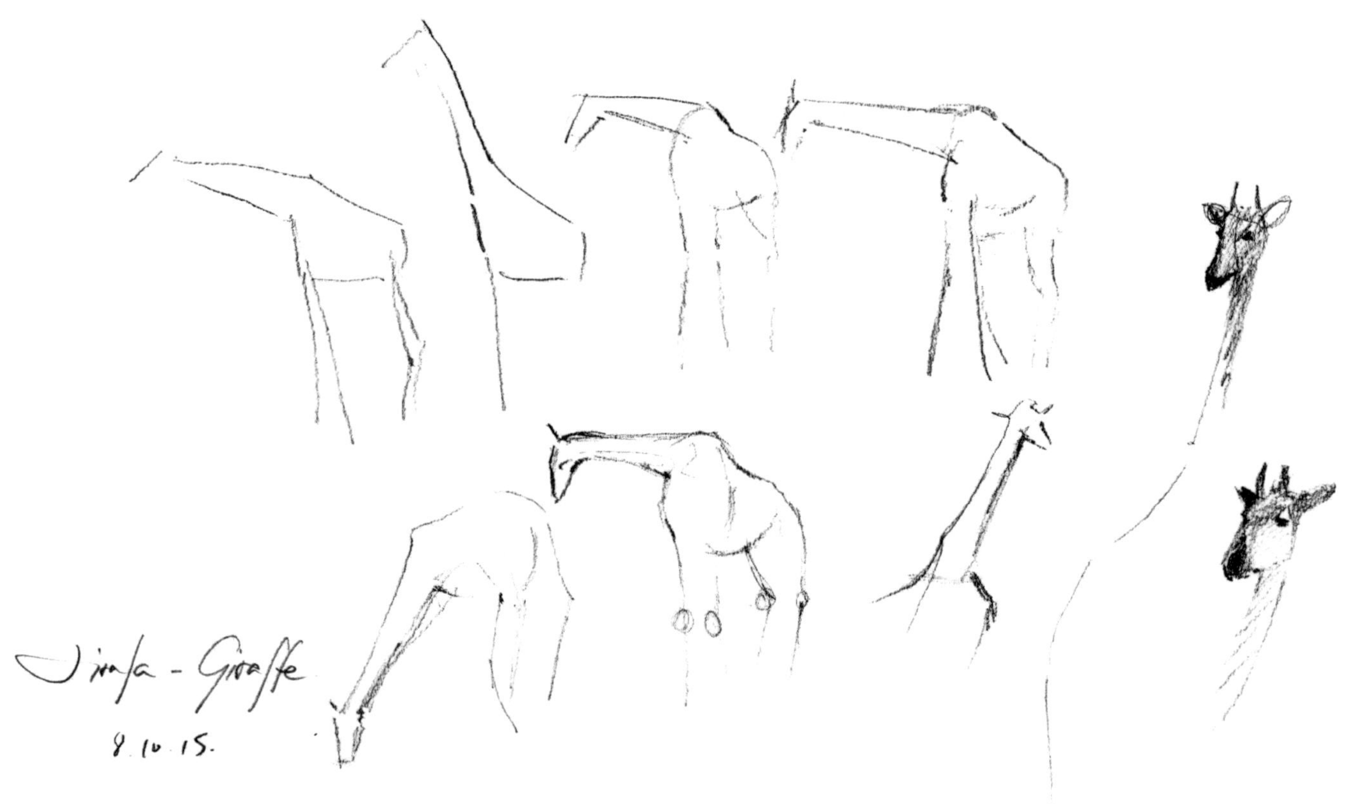

Mi primer contacto real con África se materializa en los primeros bocetos de estos magníficos seres que son las jirafas. Última hora de la tarde en la charca de Okaukuejo. Tras un muro de piedra y alambre de espino admiro el espectáculo junto a decenas de personas en total silencio. Aterrizo, más bien, impacto en este lugar. El paisaje sonoro consiste en el sonido que proviene de elefantes, jirafas que beben, aves, insectos. De repente tengo la extraña y fugaz sensación de estar observando una escena que me resulta familiar. Pero esa sensación se disipa tan pronto como tomo conciencia de que el que está encerrado en el interior de un cercado, soy yo mismo. Estoy en África.

My first real contact with Africa resulted in my first sketches of the magnificent creatures that are giraffes. Late afternoon at the Okaukuejo waterhole. Behind a wall of stone and barbed wire I admire the scene together with dozens of people, in total silence. I land, or rather, impact in this place. The soundscape is the sound coming from elephants, giraffes drinking, birds, insects. Suddenly, I'm overcome with the strange, fleeting feeling that I'm taking in a familiar scene. But that feeling fades as soon as I realise that the one who is enclosed by a fence is me. I'm in Africa.

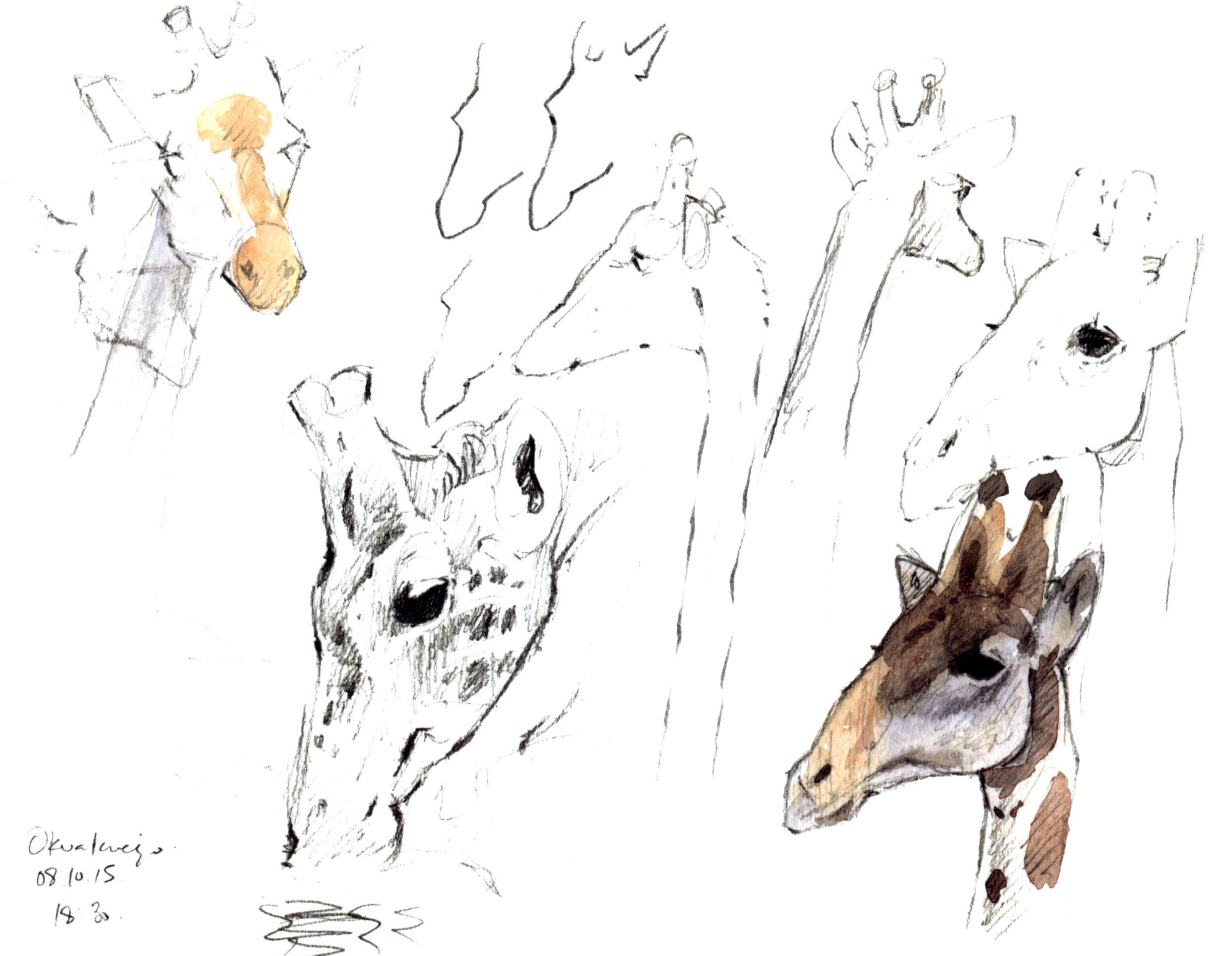

Okualineyo.
08.10.15
18:30.
9

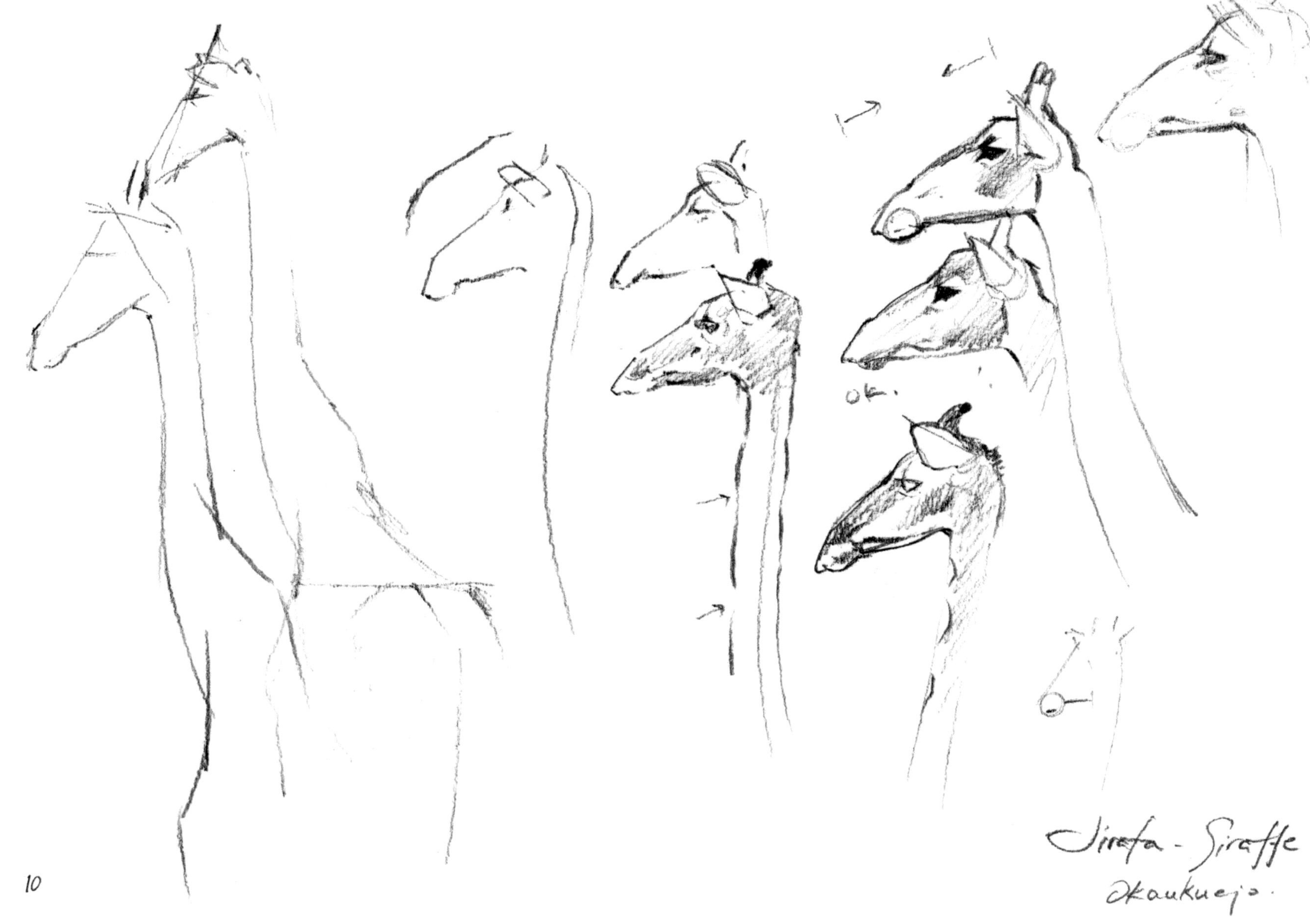

10

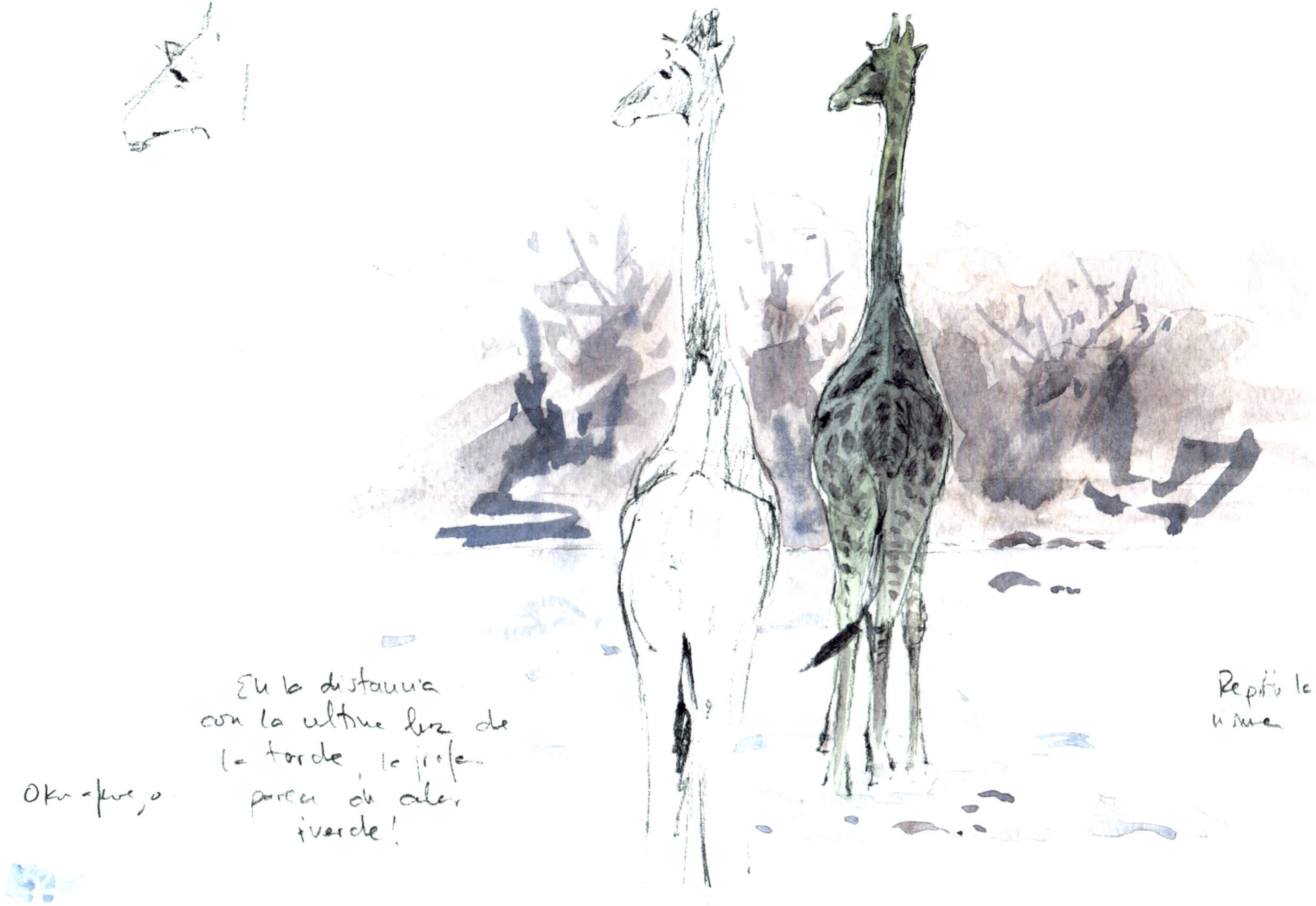

En la distancia
con la última luz de
la tarde, la jirafa
parece de color
¡verde!

Okaukuejo.

Reptil
humano

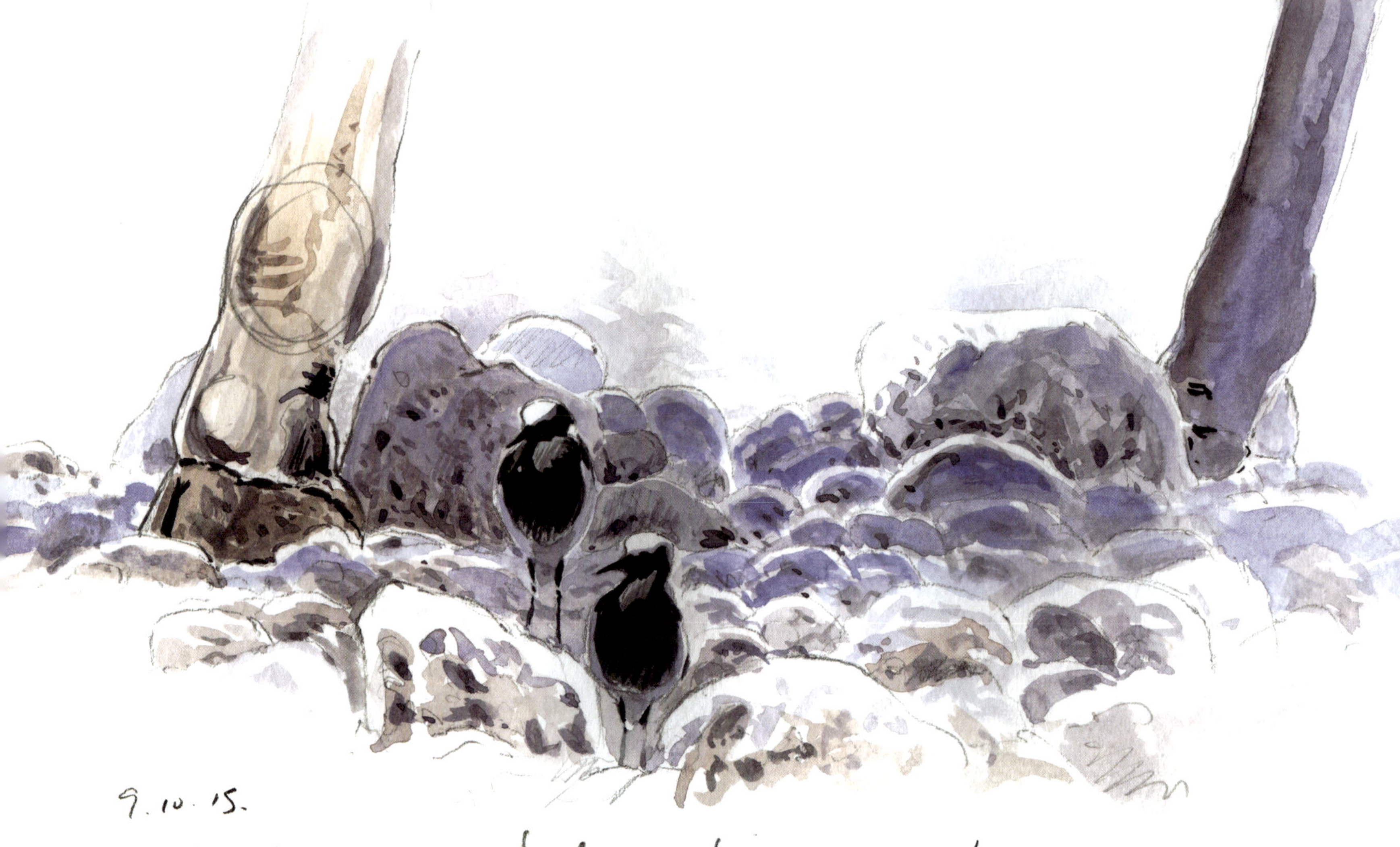

9.10.15.

12.39. Las pupurias entre las avefrías y las p[...]
de la p[...], teverdi en cuenta f. Las au[...] estaban
+ cerca de mi

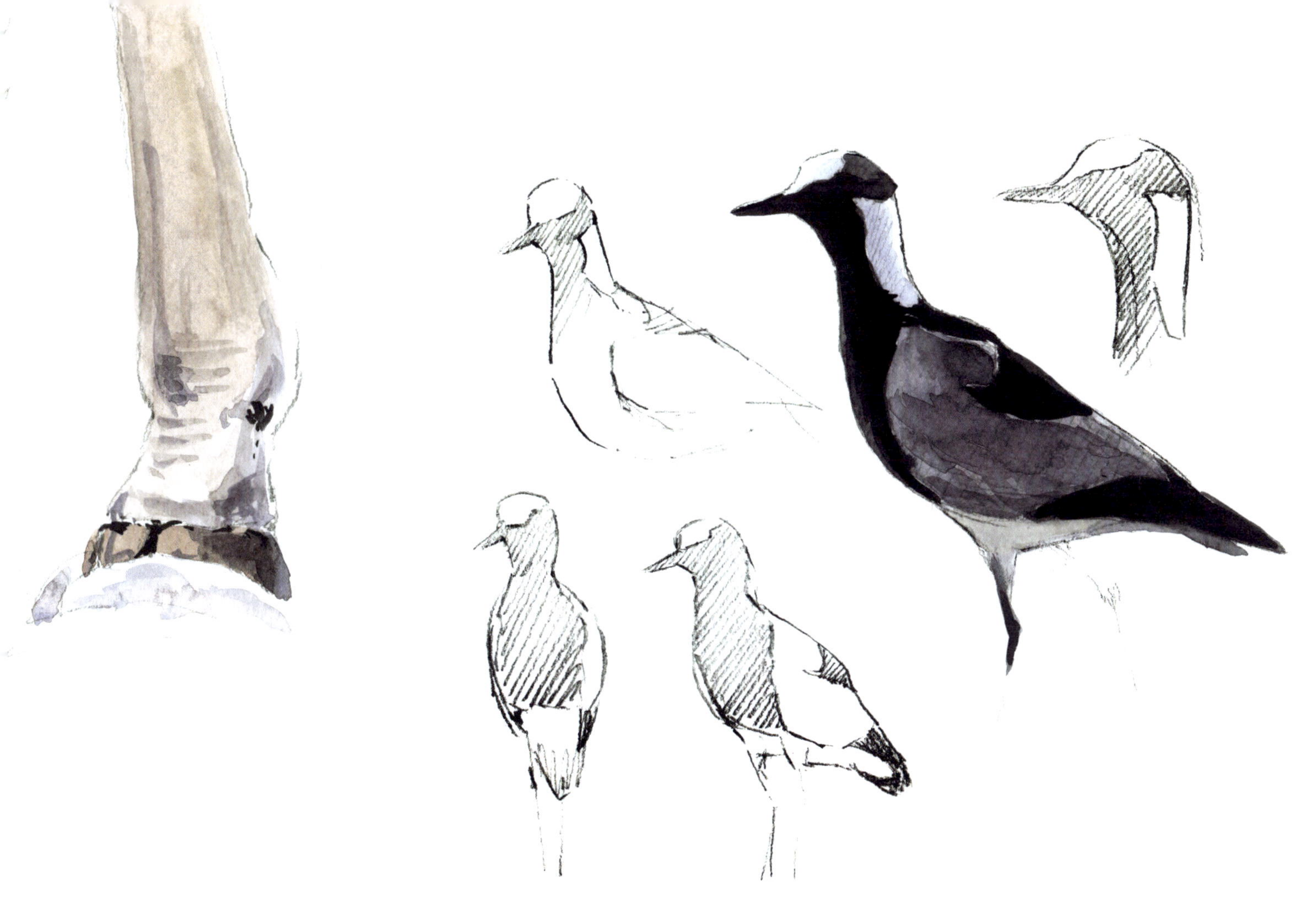

Vanellus armatus - Blacksmith lapwing.

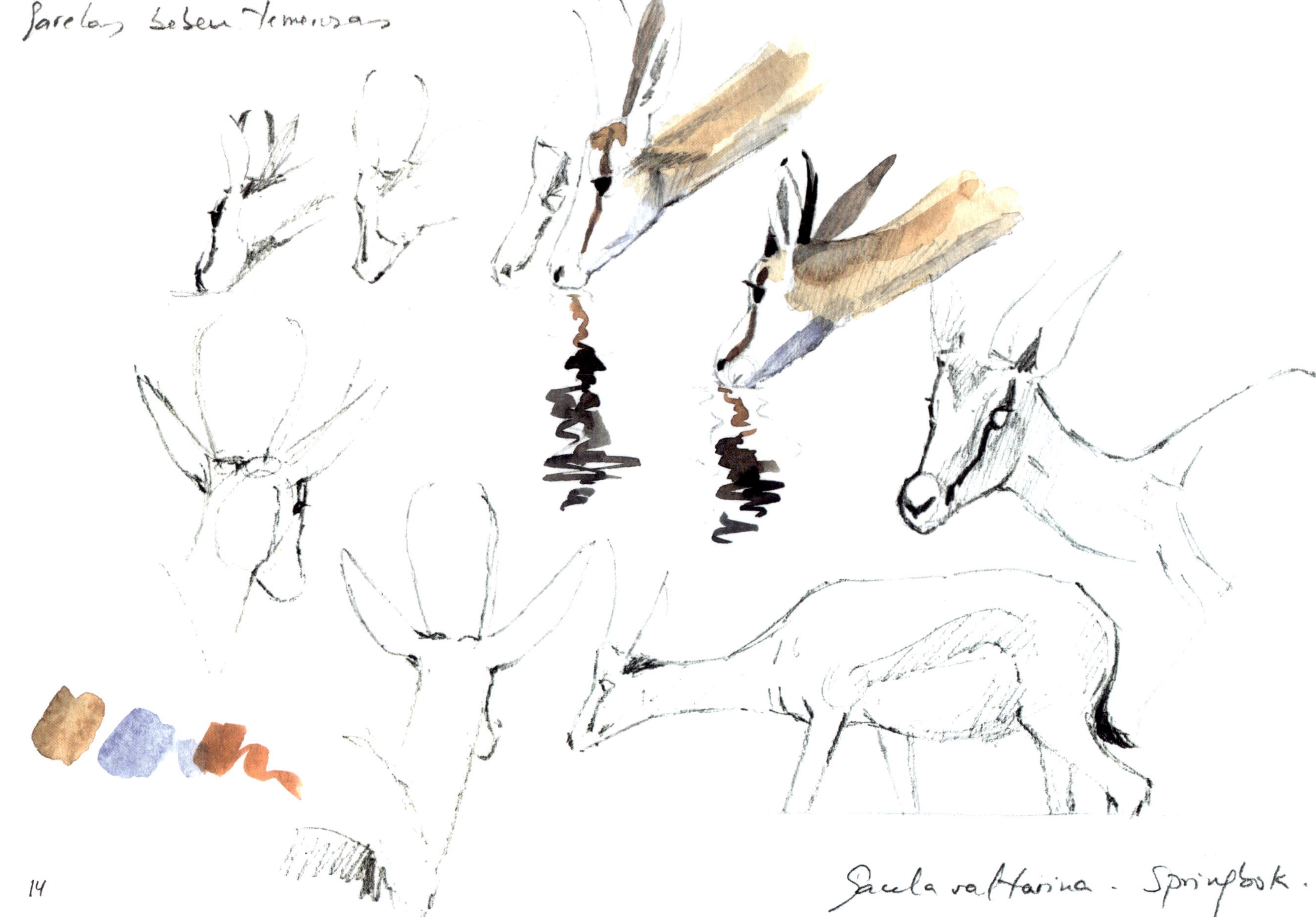

Sarelas beben temerosas
14
Sacela valHarina - Springbok.

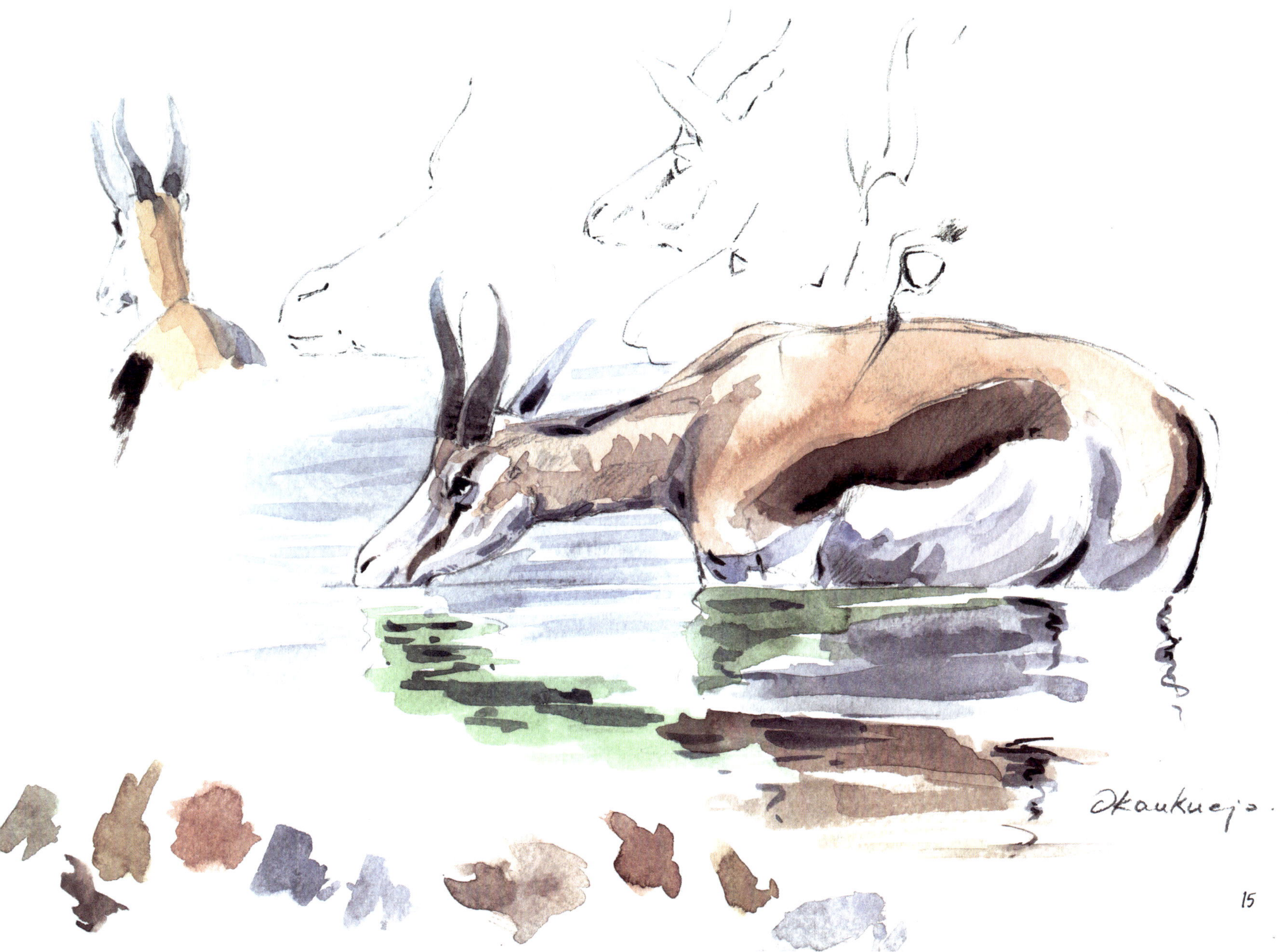

15

Gacela saltarina

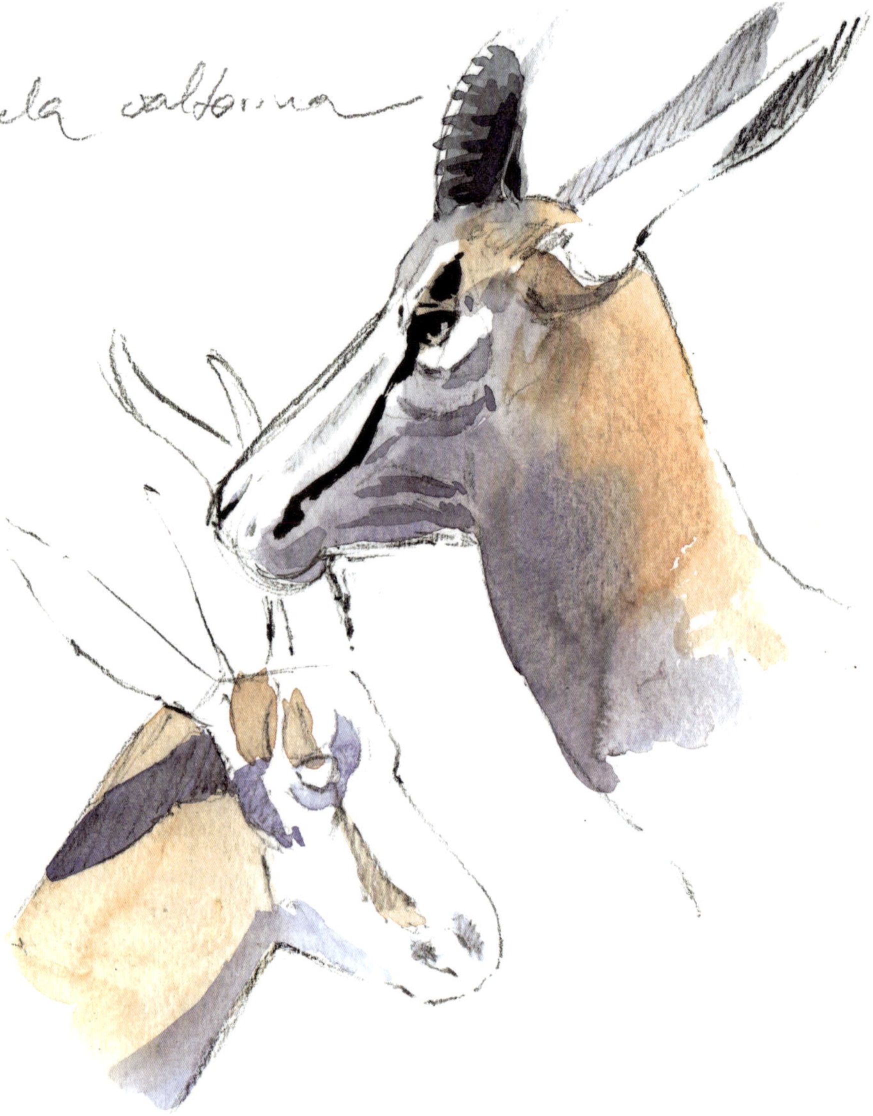

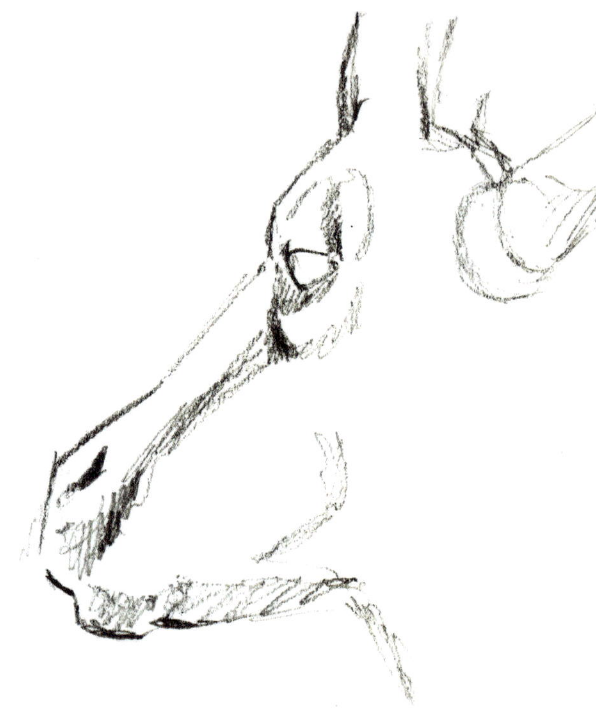

La gacela saltarina es probablemente el mamífero más fácil de observar y de dibujar en Etosha. Cuando aún no he terminado de dibujar a una de ellas, y se marcha, siempre hay cerca otra que está haciendo exactamente lo mismo.

The springbok is probably one of the easiest mammals to observe and draw in Etosha. When I haven't even finished drawing one, it leaves, and there's always another one close by doing exactly the same thing.

Springbok. Estudios cabezas, creo que todos mi individuos ♂.

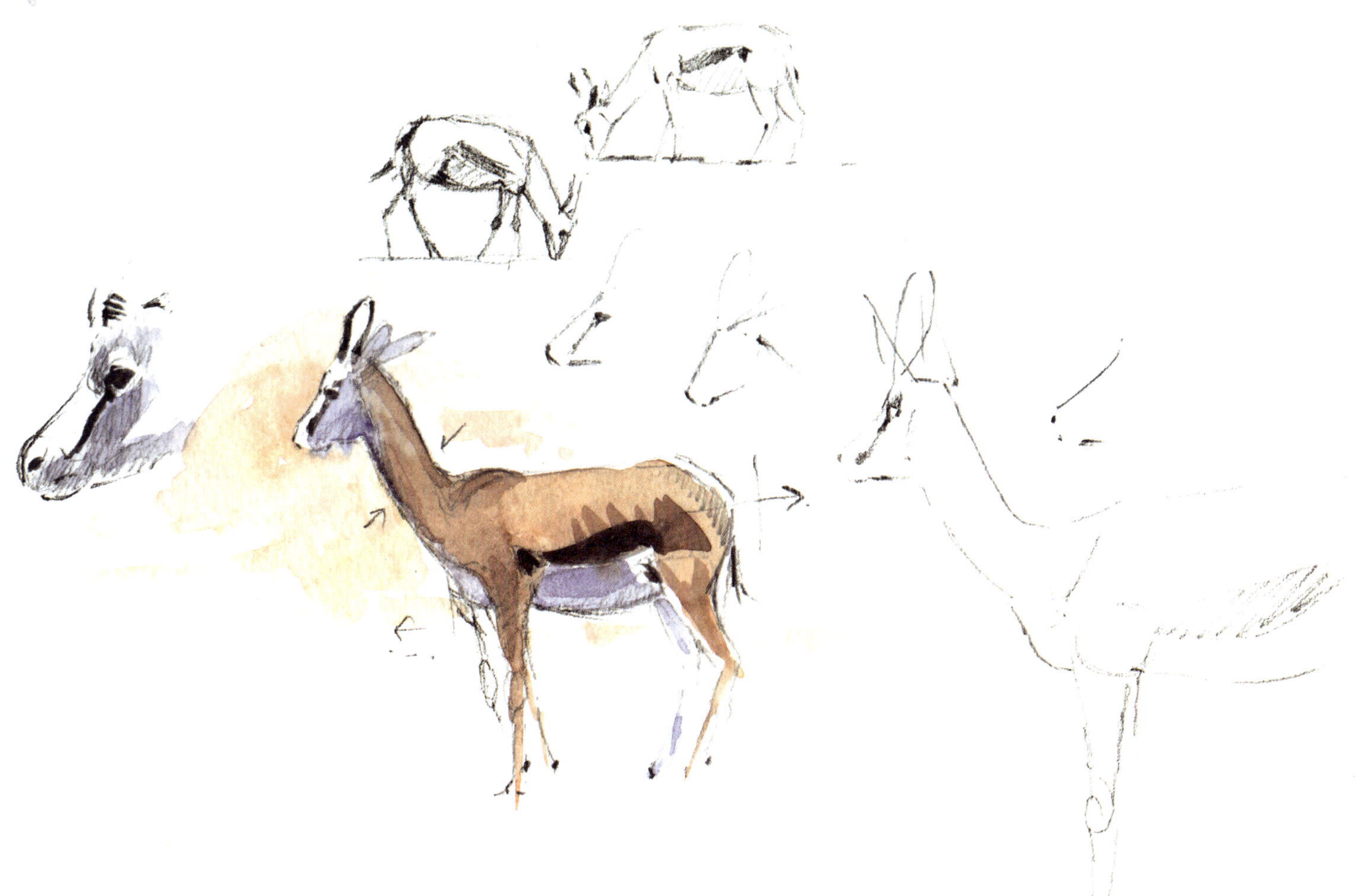
Gacela saltarina. La luz es muy dura y las sombras
realzan contrastes, el azul del cielo sobre el
pelaje blanco

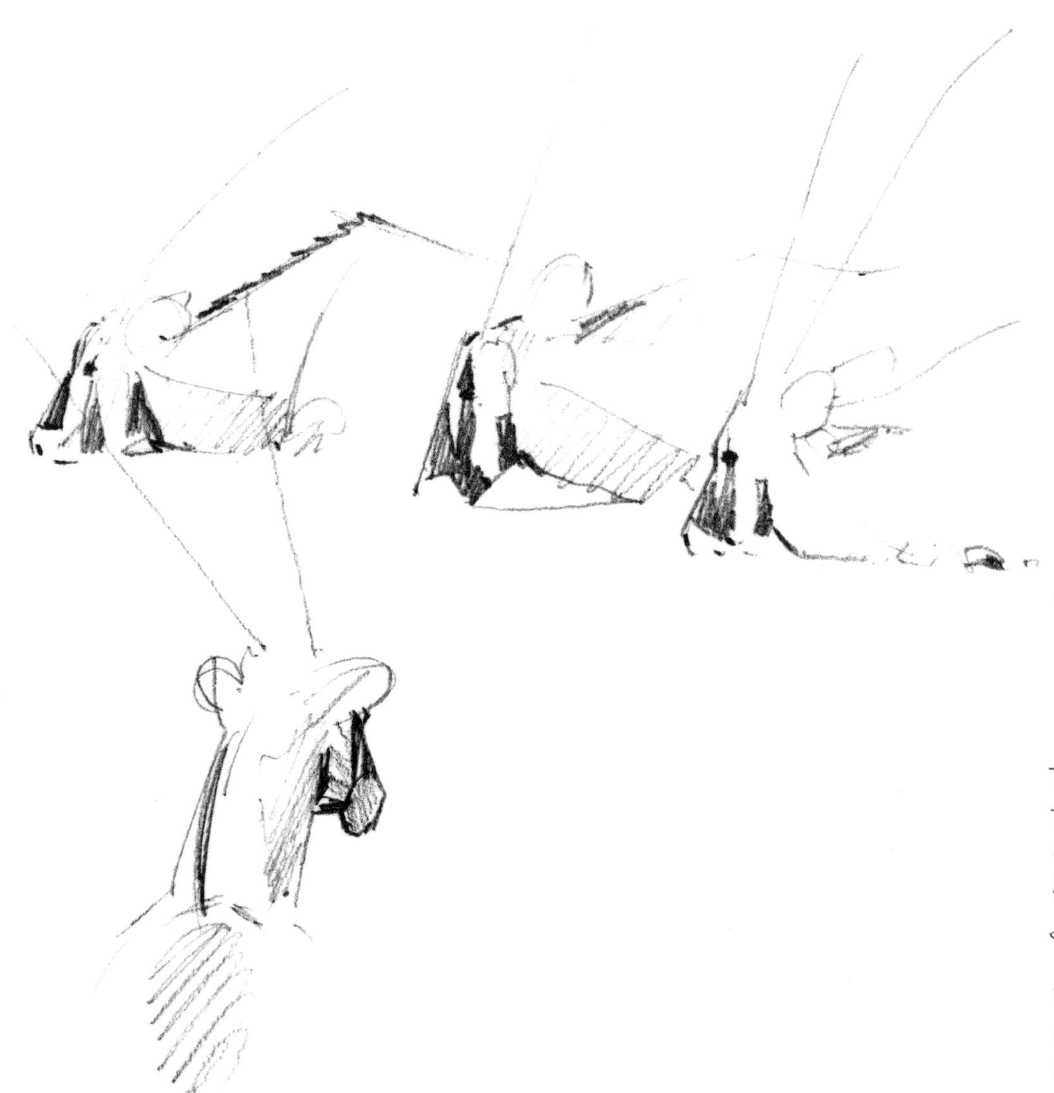

La elegancia de estos animales unida a un espectacular diseño lleno de contrastes, el color casi violaceo de su pelaje bajo esta luz cegadora y sus reflejos en estas aguas de color verde apastelado, los hacen irresistibles para observarlos y dibujarlos. A cada nuevo boceto siento la tensión fruto de mi anhelo por aprovechar cada minuto que pase en este mágico lugar.

The elegance of these animals together with their spectacular design, full of contrasts, the almost violet colour of their fur in this blinding light, and their reflection in these pastel green waters, make it impossible not to observe and draw them. With each new sketch I feel the tension caused by my longing to make the most of every minute I spend in this magical place.

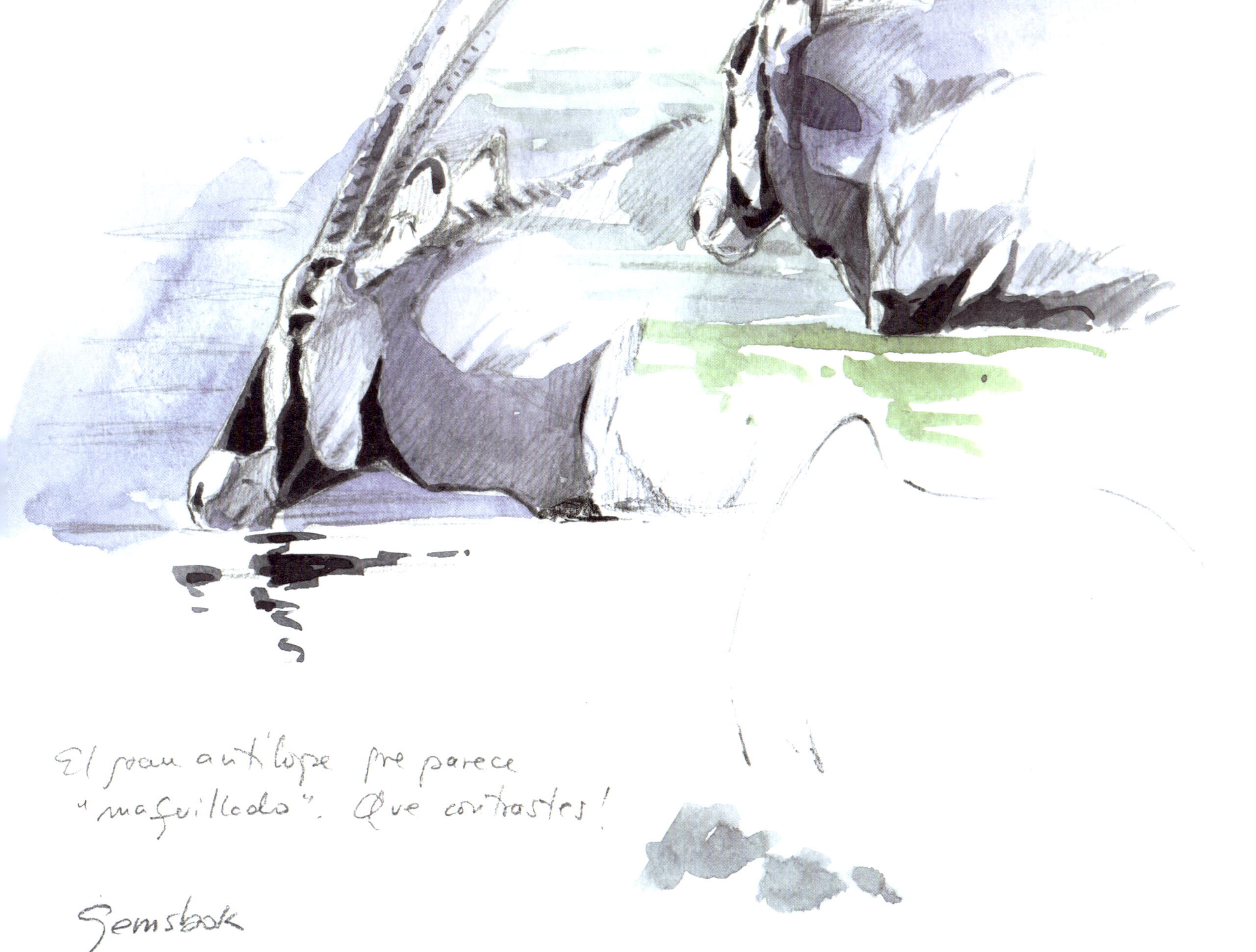

El gran antílope me parece
"maquillado". Que contrastes!

Gemsbok

19

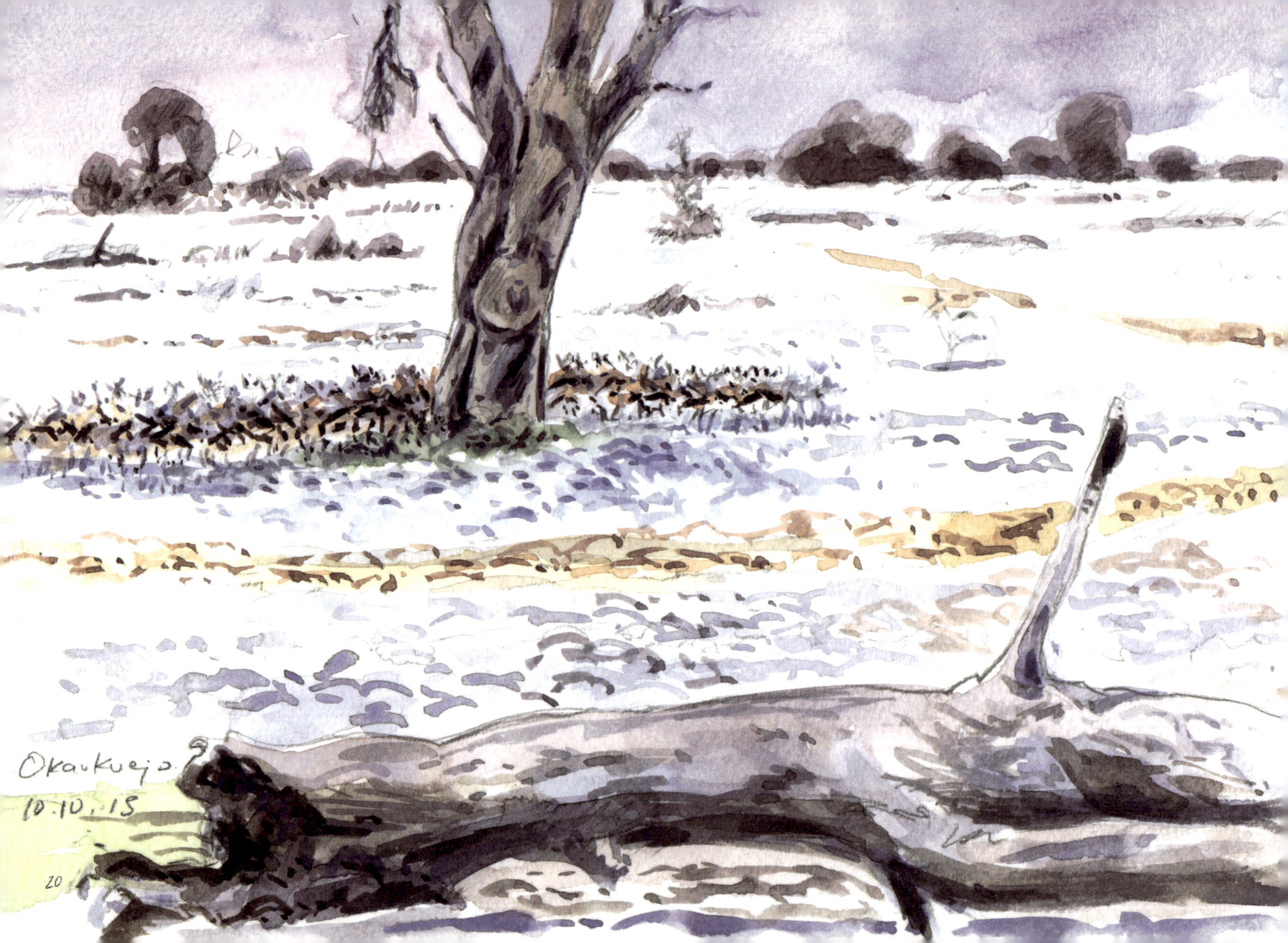

Okaukuejo.
10.10.15
20

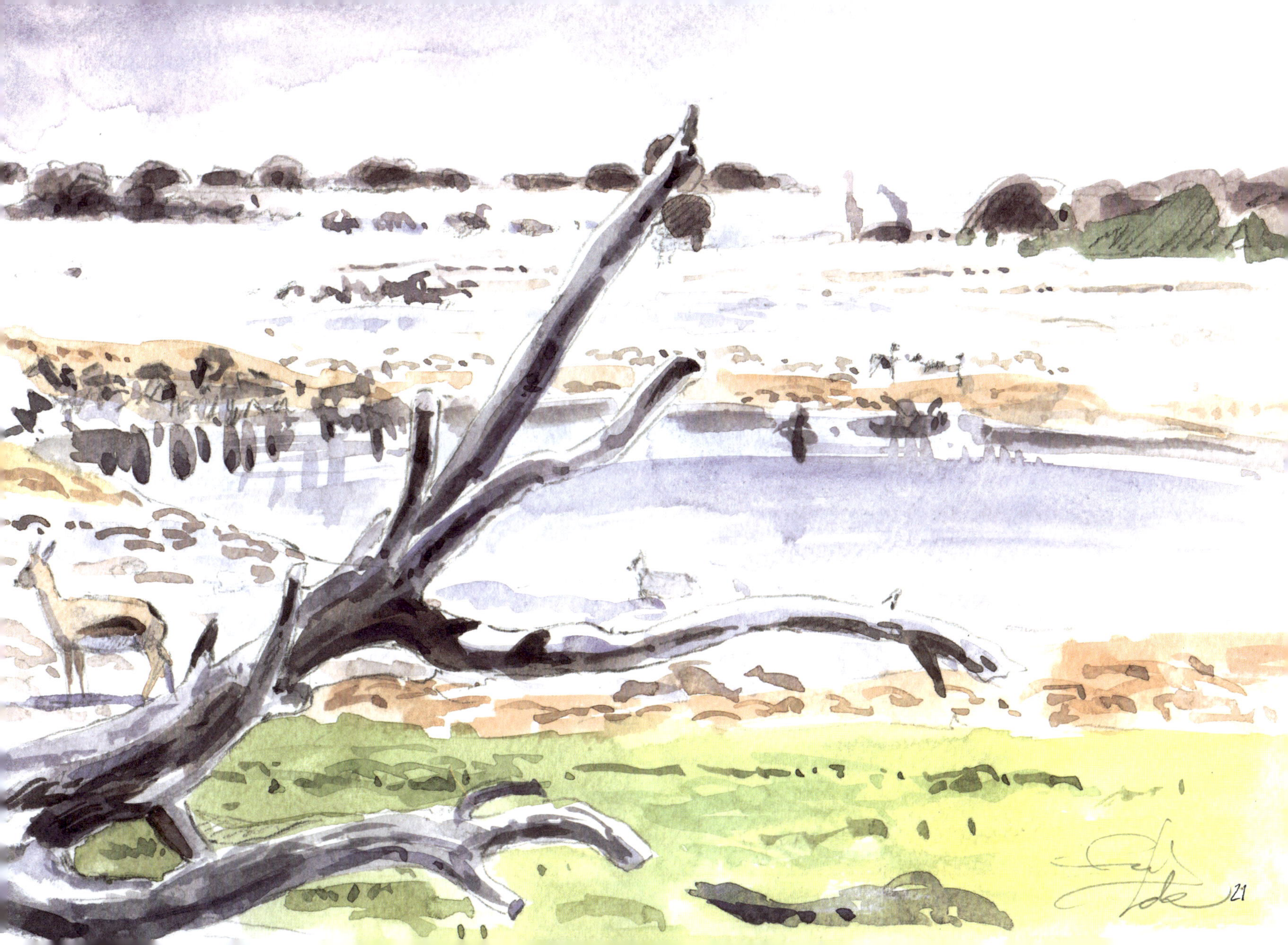

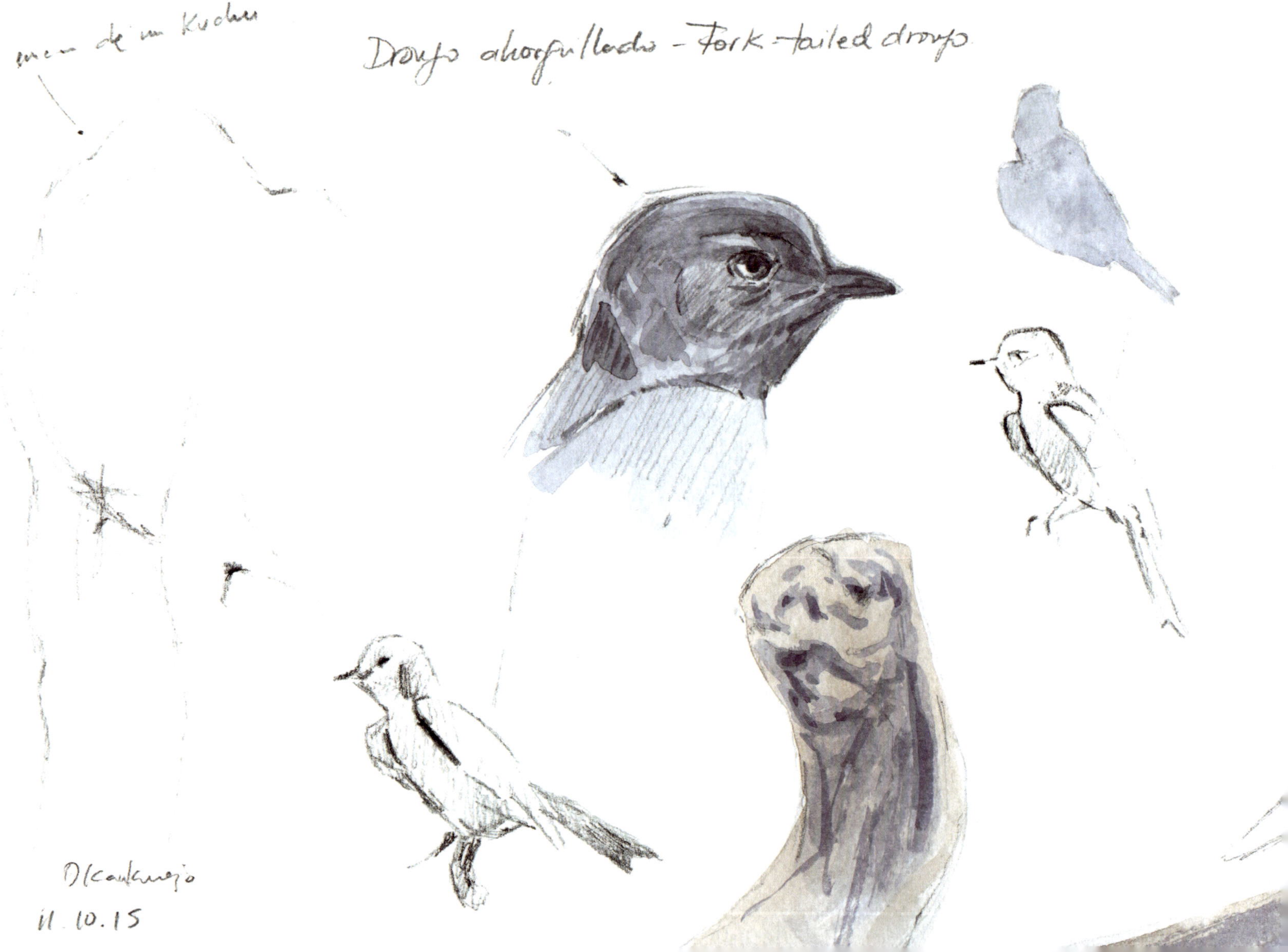

men de un Kuchu

Drongo ahorquillado - Fork-tailed drongo

22

Olcarkemojo

11.10.15

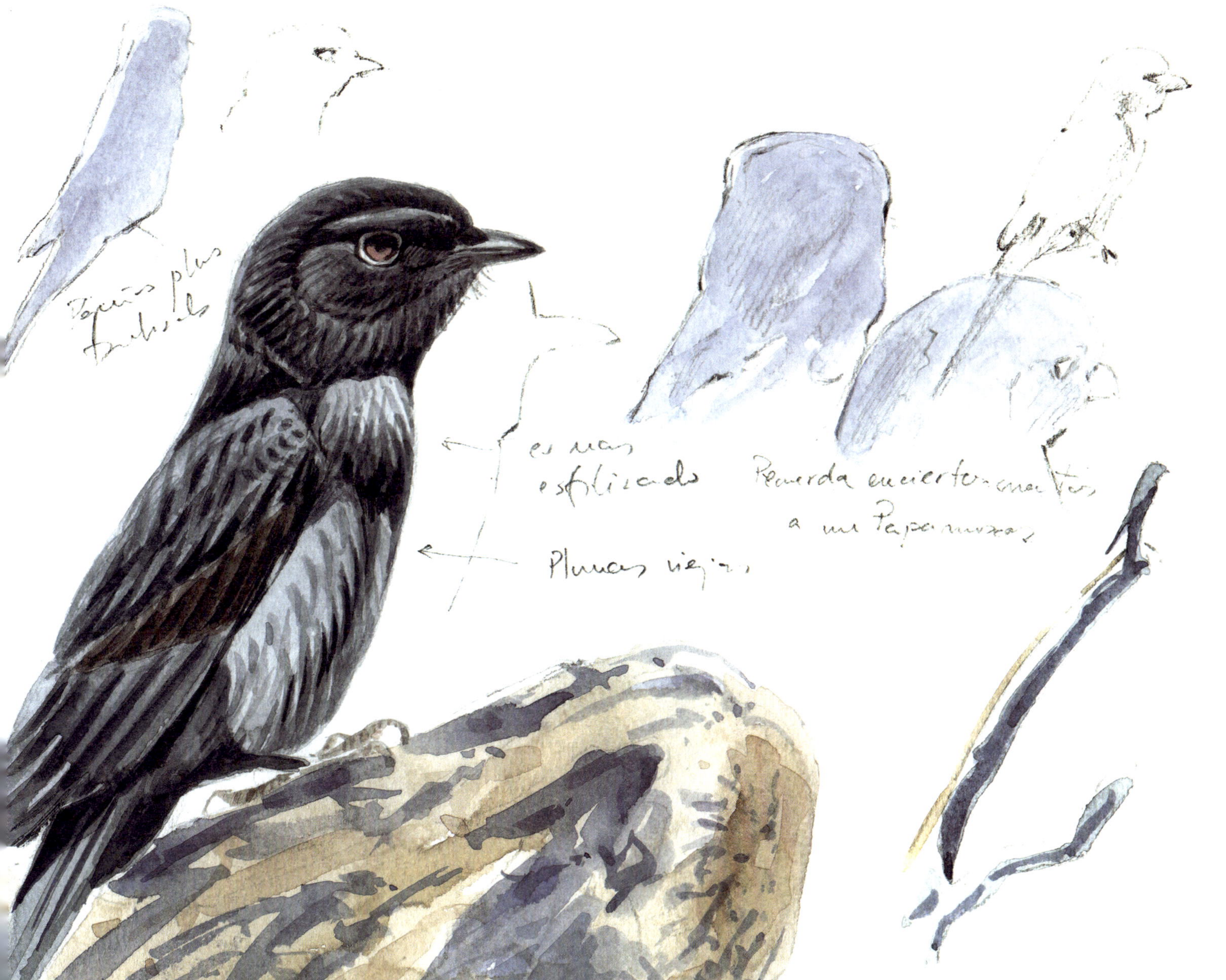
es mas
estilizado
Plumas viejas
Recuerda en cierta manera
a un Papamoscas
23

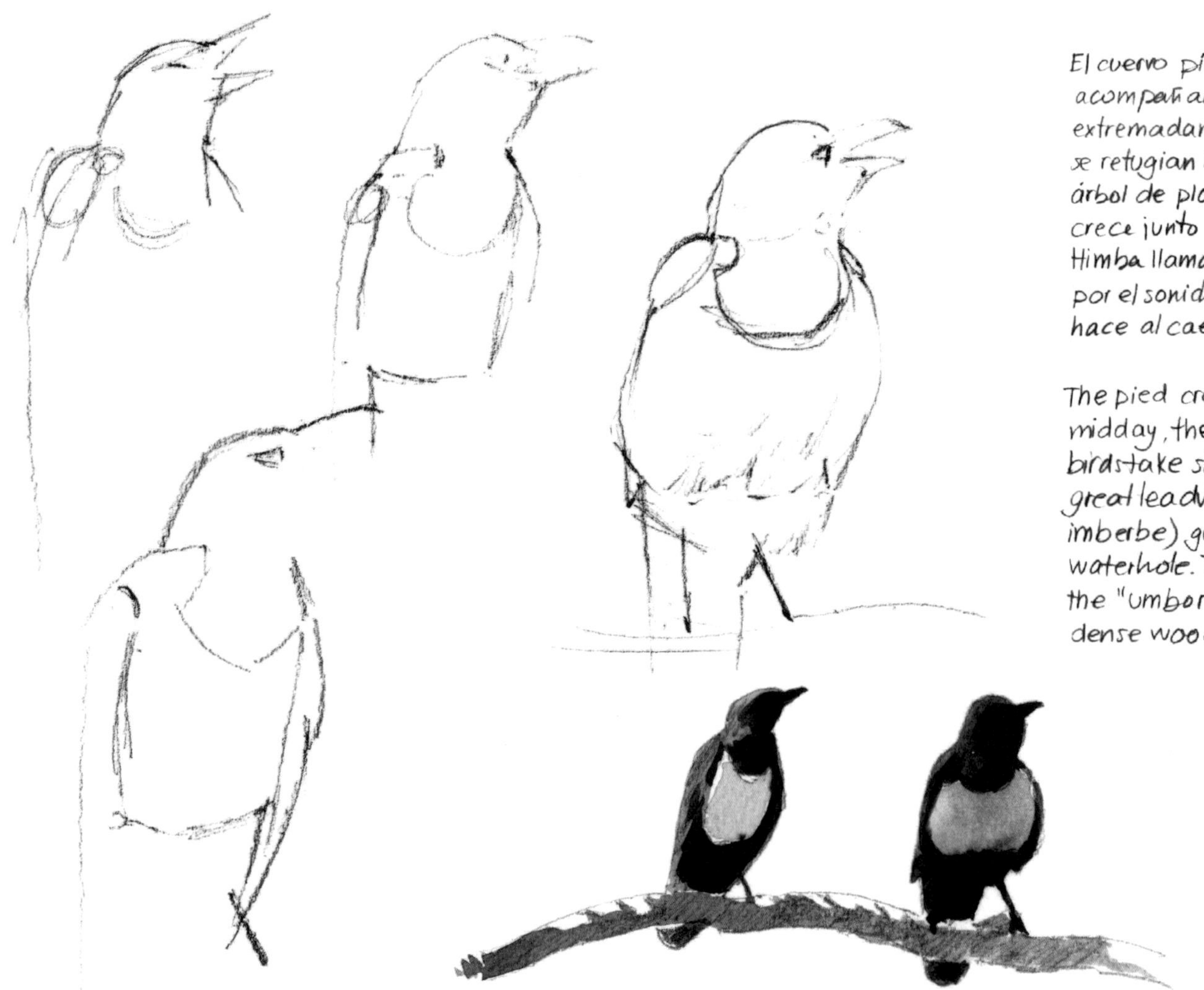

El cuervo pío africano se mueve a menudo acompañado. Es medio día, el aire es extremadamente seco y algunos de ellos se refugian bajo la sombra de un gran árbol de plomo (Combretum imberbe) que crece junto a la charca de Okaukuejo. Los Himba llaman a este árbol "umborombombo" por el sonido que su pesada madera hace al caer al suelo.

The pied crow is often found in groups. It's midday, the air is extremely dry and some birds take shelter under the shade of a great leadwood tree (Combretum imberbe) growing next to the Okaukuejo waterhole. The Himba people call this tree the "umborombombo" for the sound of its dense wood falling to the ground.

Cuervo pío africano \ Pied crow.

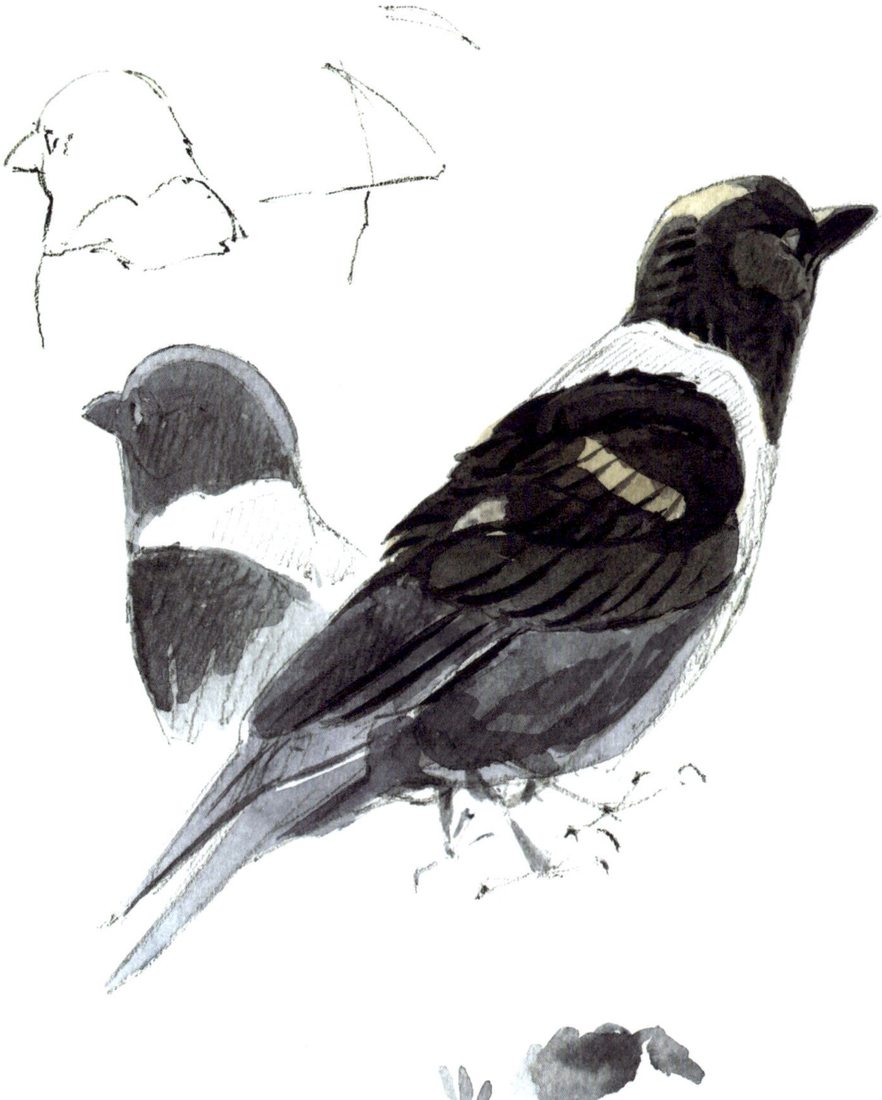

En el gran árbol hay al menos 15,
y no paran de charlar, con alguna
palabra, realmente curiosas.

11.10.15.

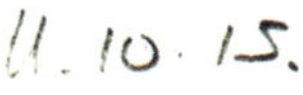

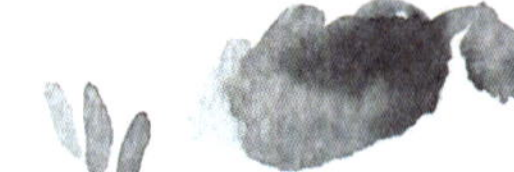

Un leve intento de aproximarme a comprender
estos increíbles diseños. Obras de arte sobre lienzos blancos

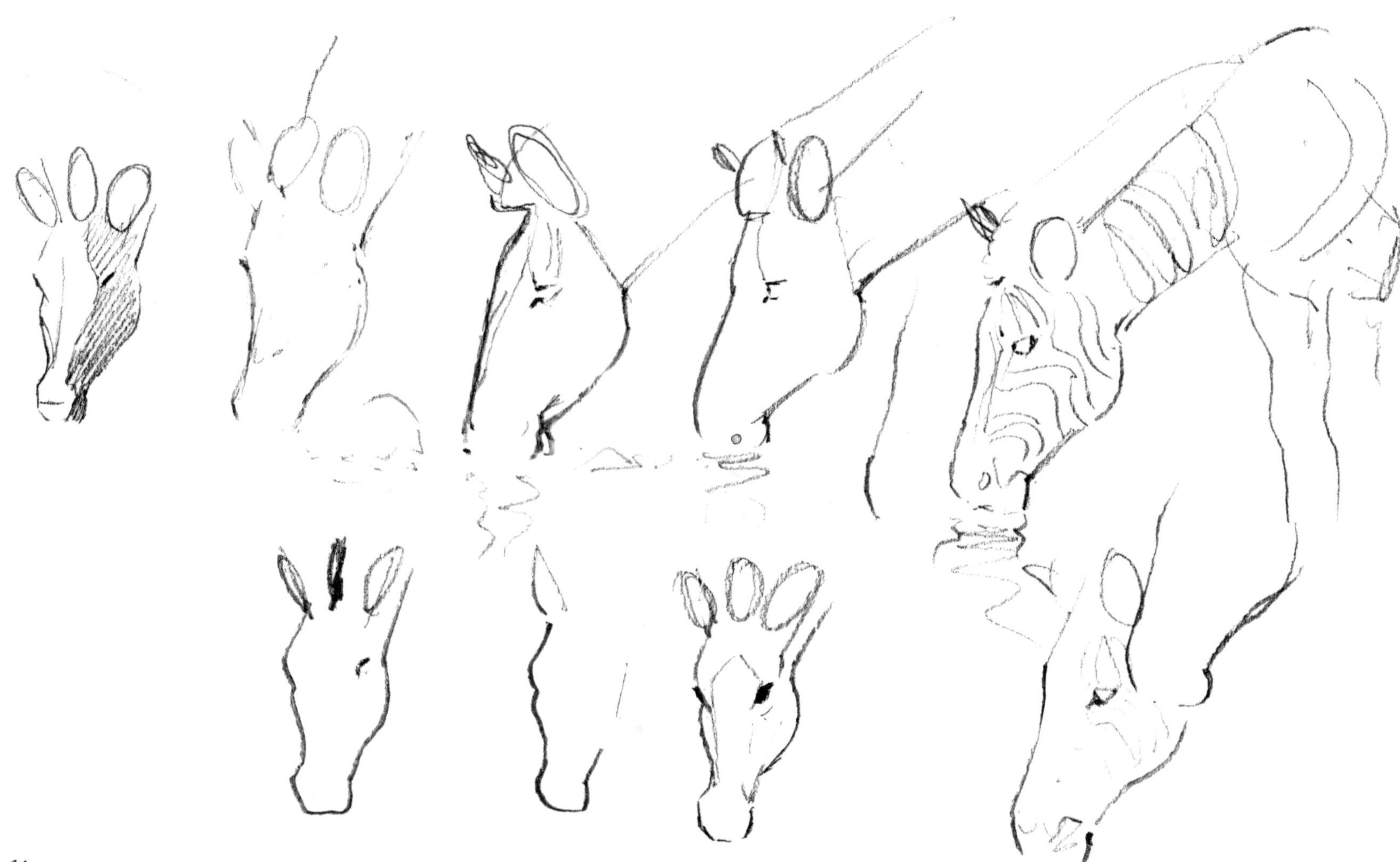

Zebra de Burchell.
11.10.15.

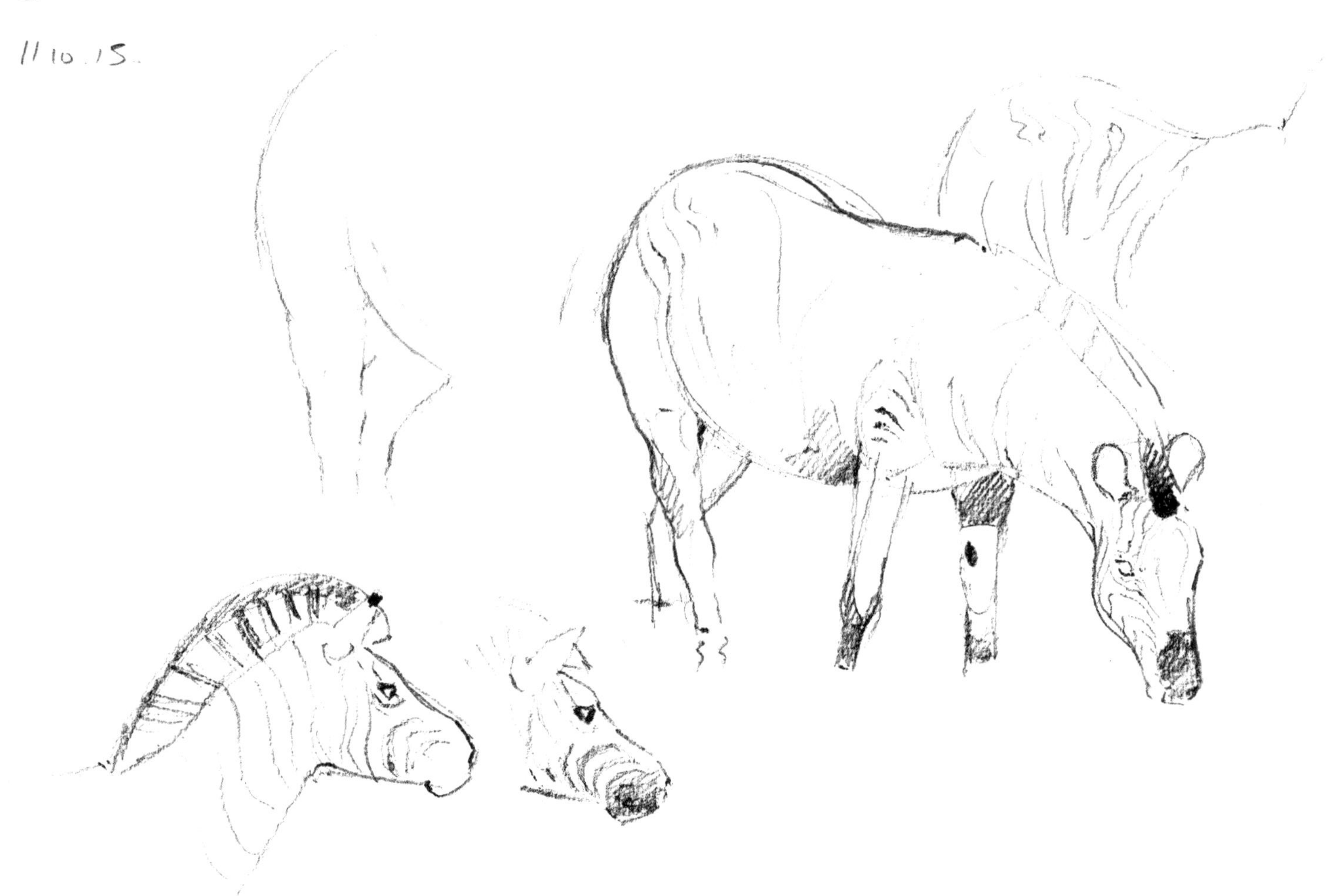

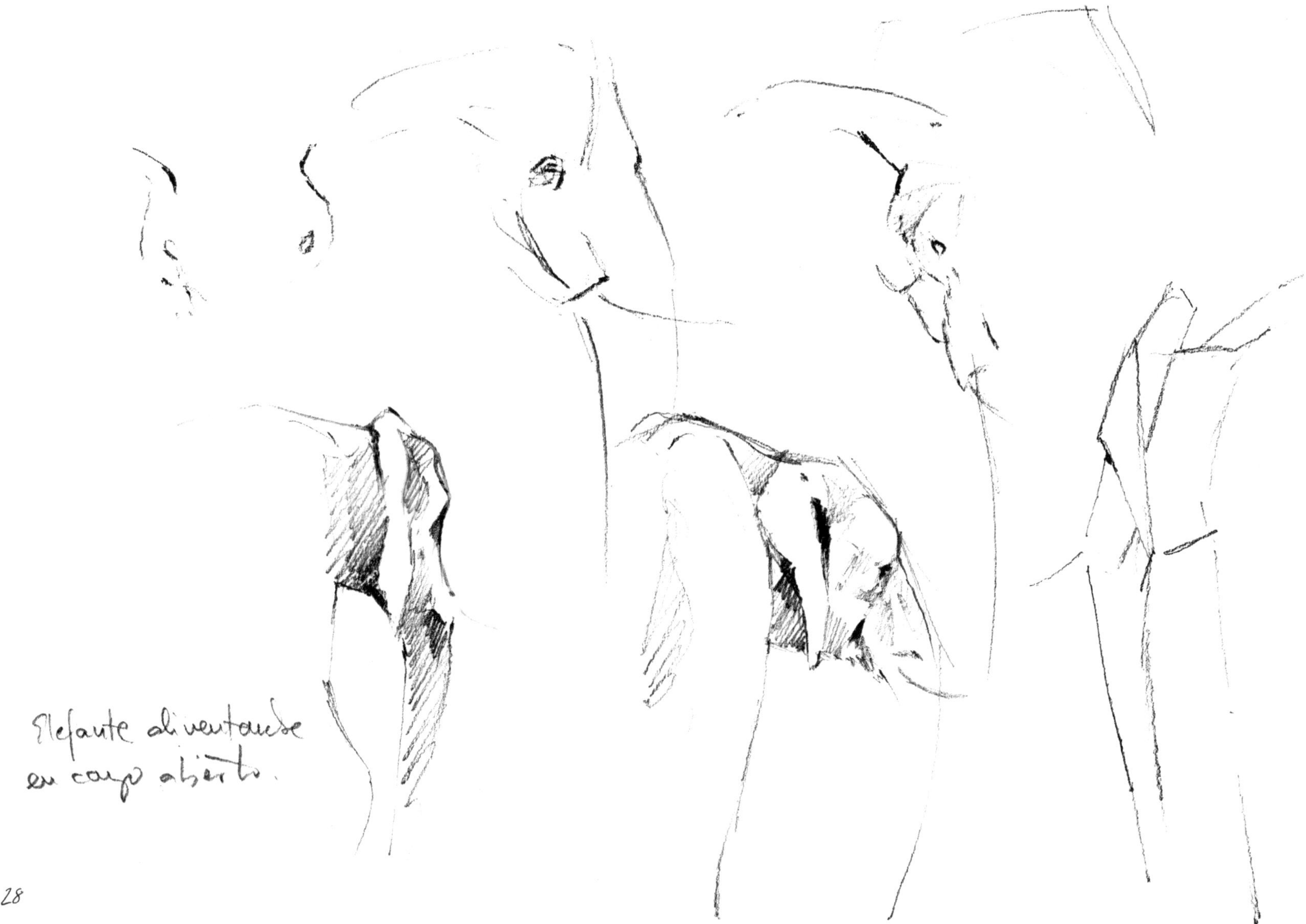

Elefante alimentándose
en campo abierto.

28

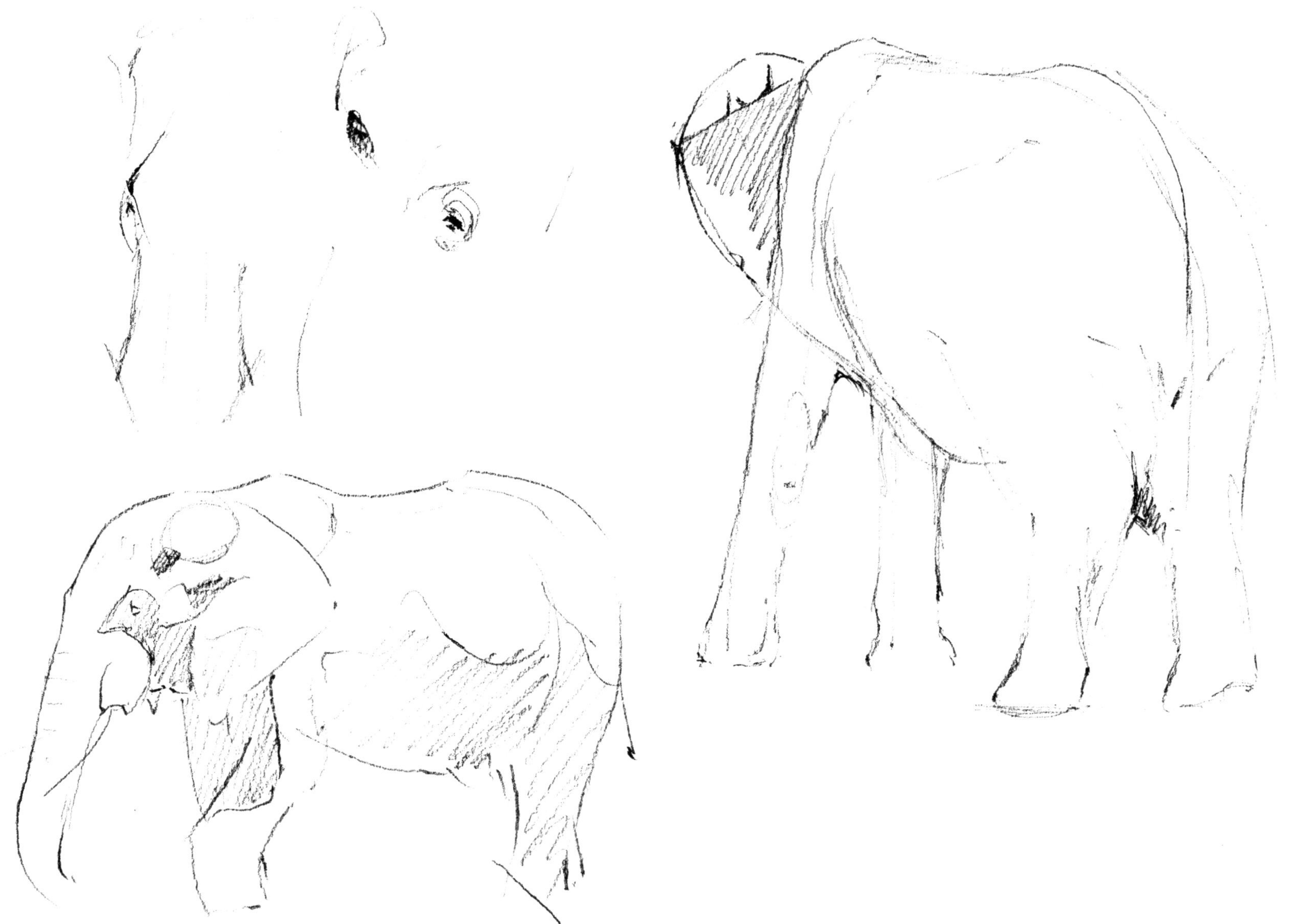

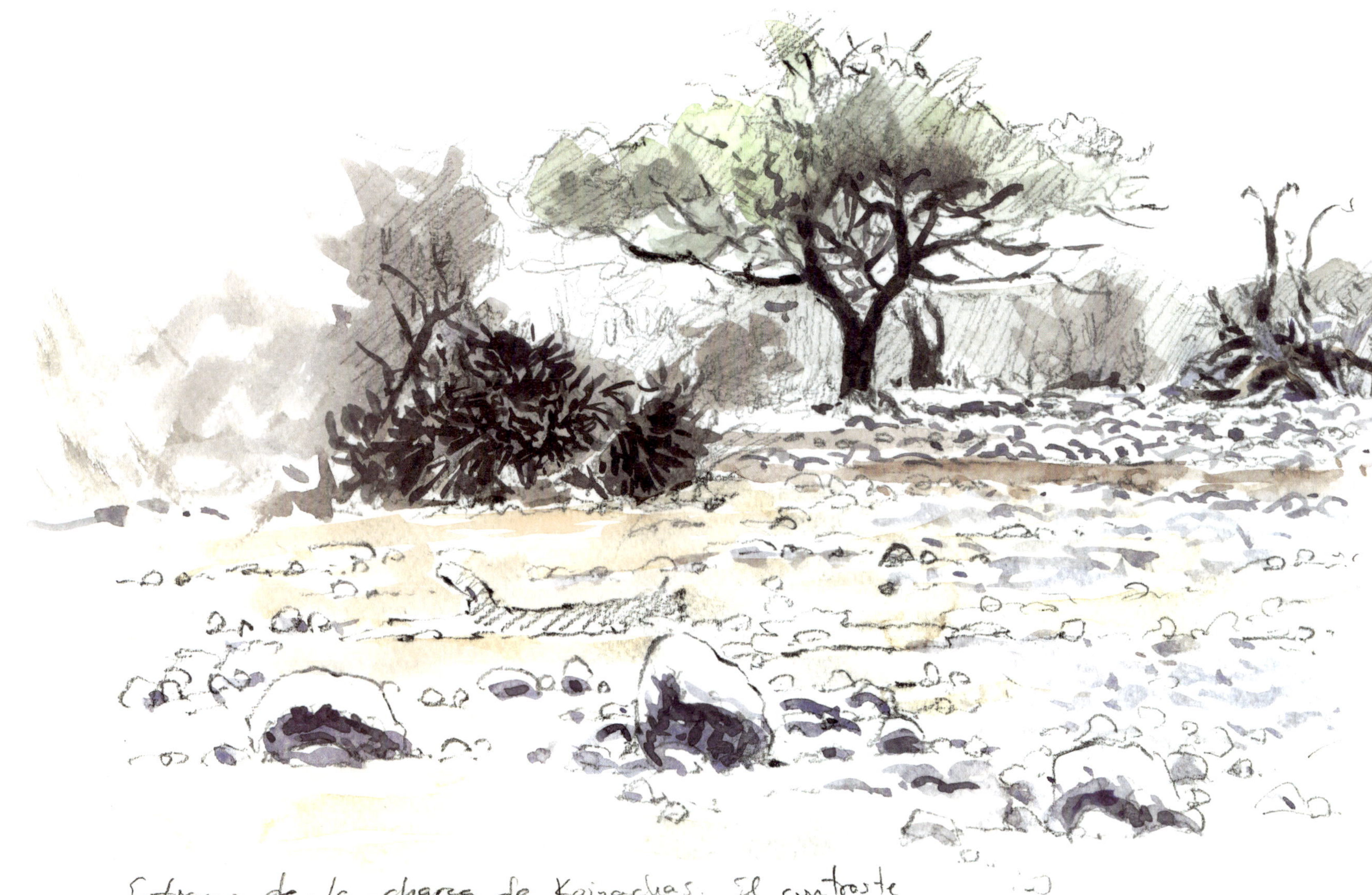

Entorno de la charca de Koinachas. El contraste
entre esta aparente desolación y la vida que reina en el entorno, es brutal.

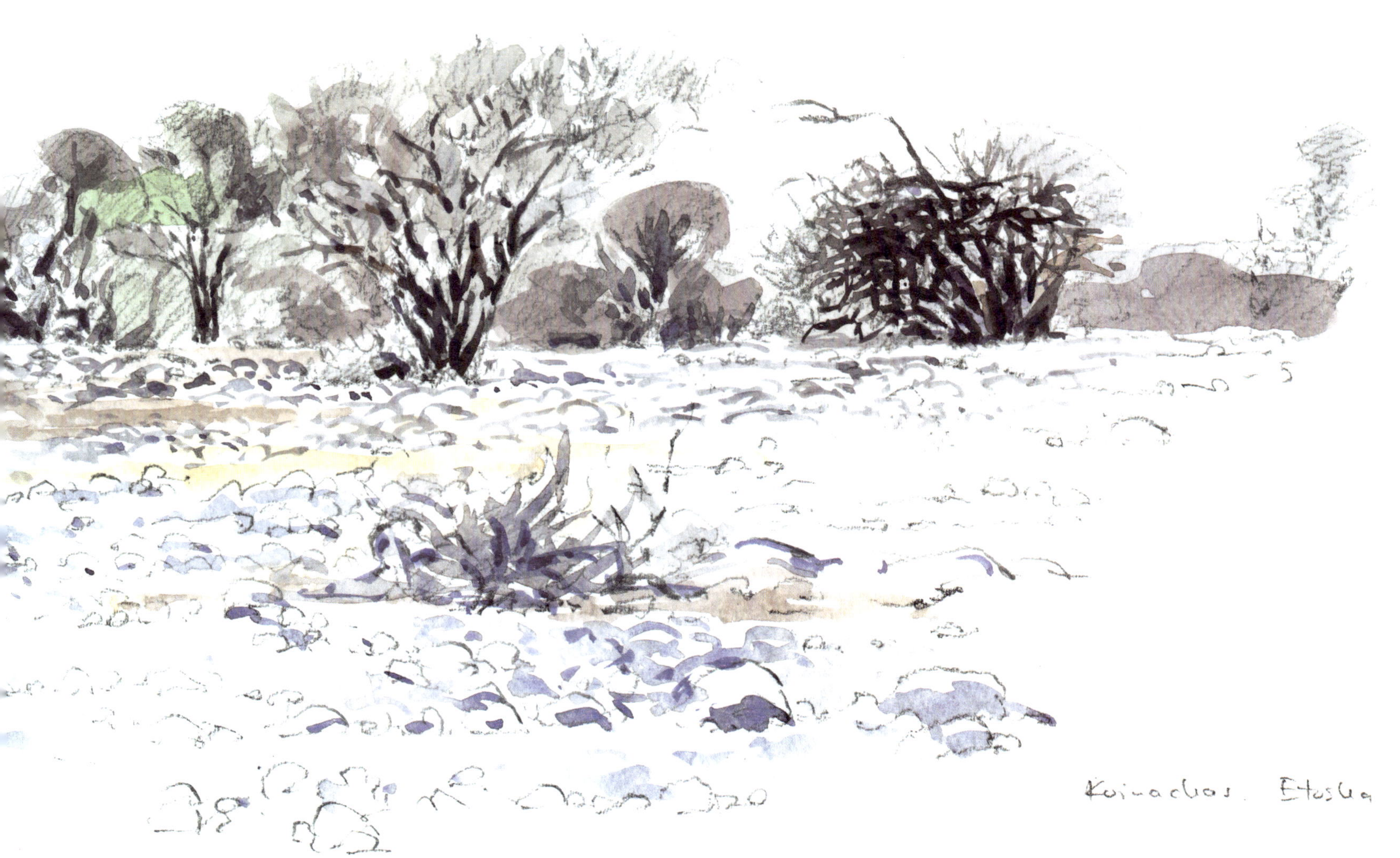

Koinachas, Etosha

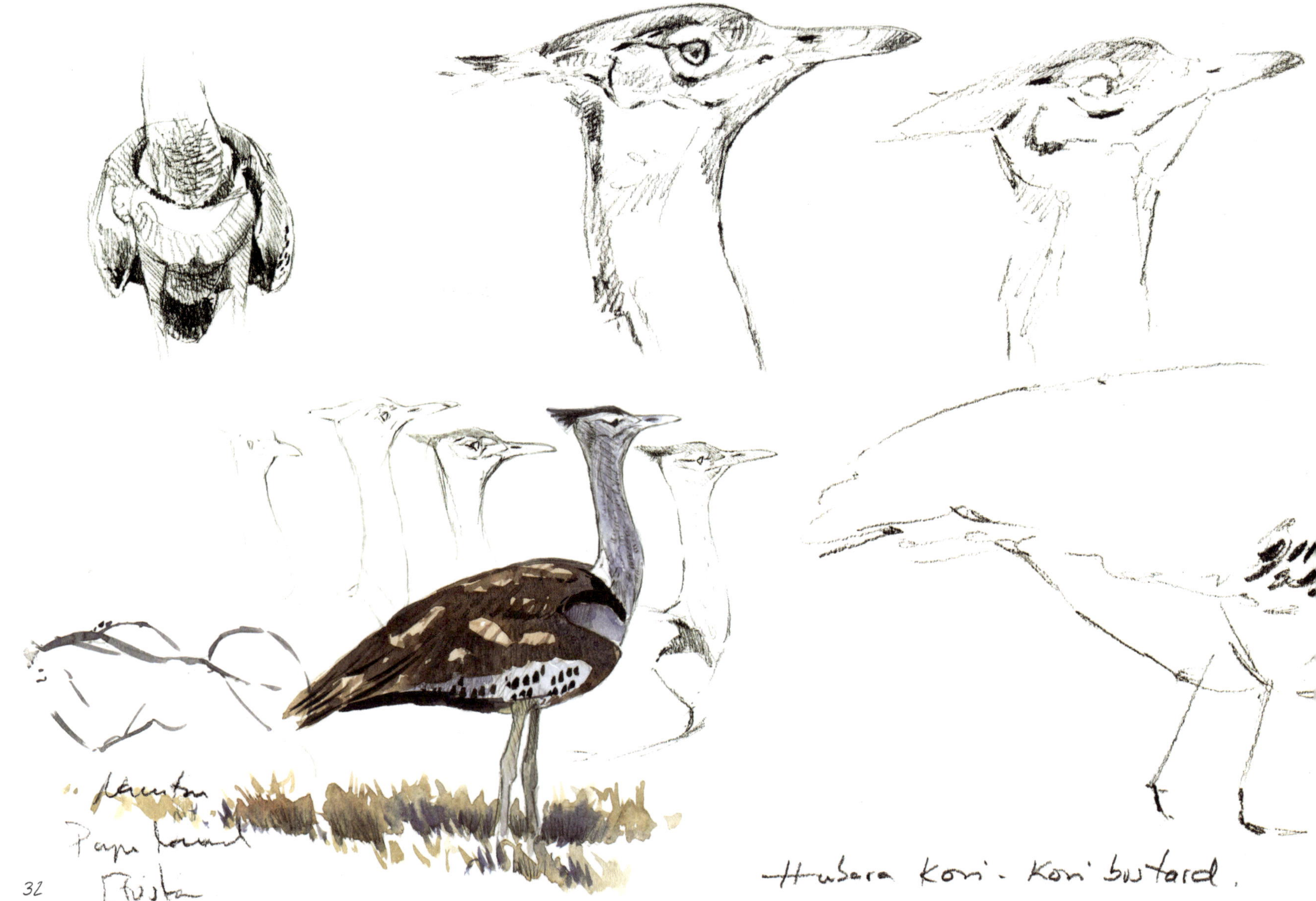

32

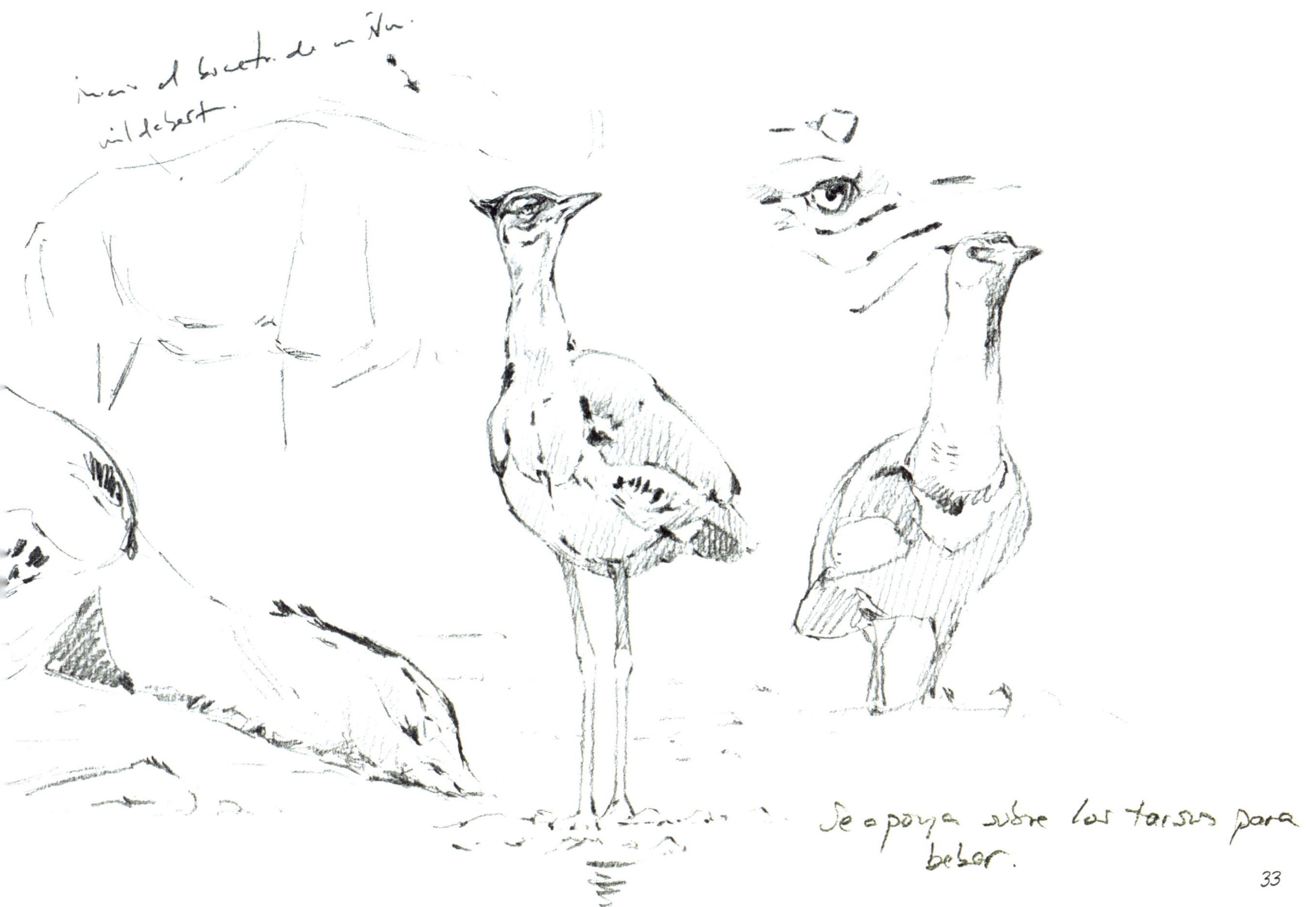

inician el boceto de un ñu.
vi ldebest.
Se apoya sobre los tarsos para
beber.

Azor lagartijero
Chanting goshawk.

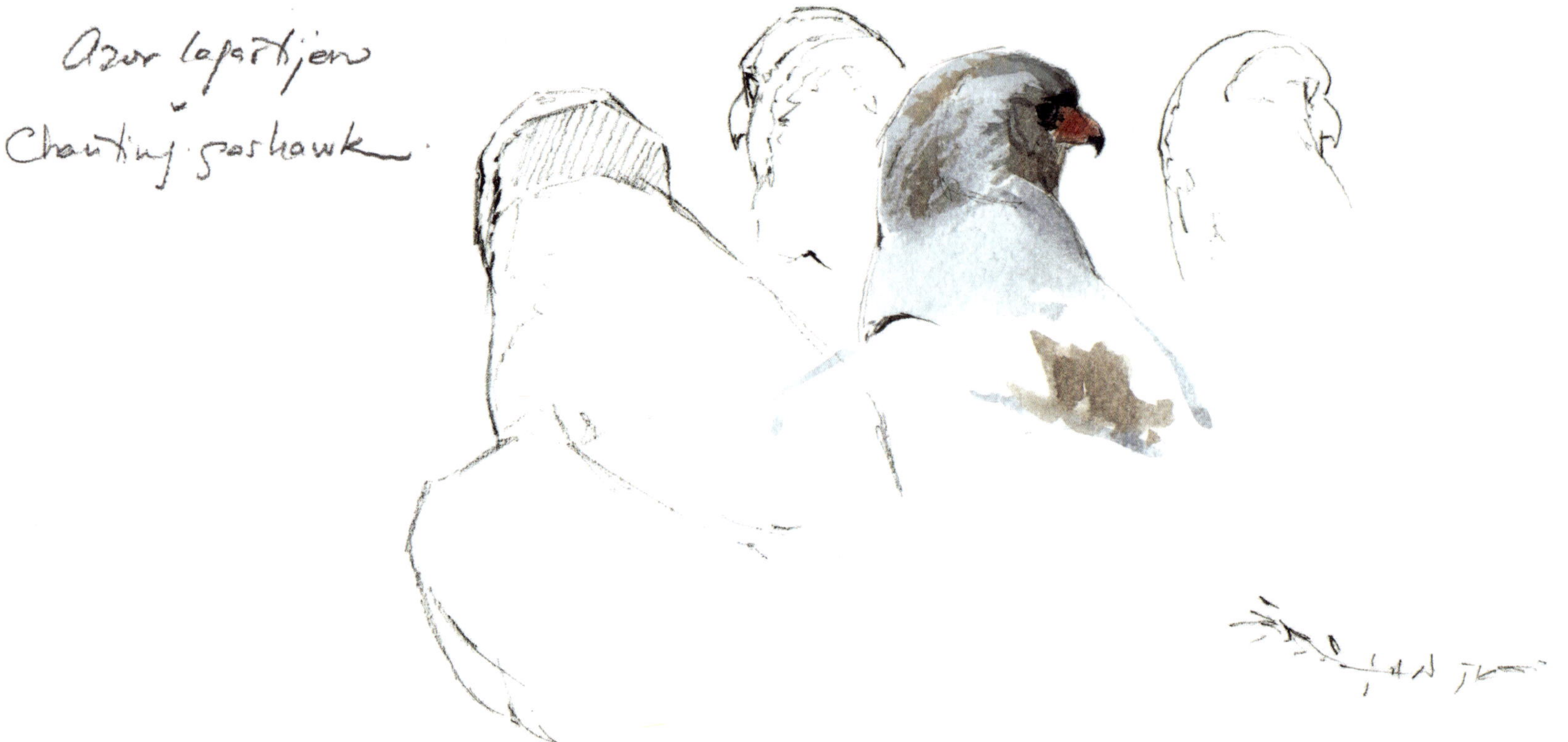

11/10/15.

Cute Okonhjo y Rietfontiue

La mayoría de los animales con los que
tengo algún encuentro son confiados. Mi
proximidad no les dificulta continuar con su
rutina. Especialmente a algunas rapaces de
mediano y pequeño tamaño, como este
azor lagartijero que posado sobre una
pequeña acacia a pocos metros de
distancia me regala su presencia.

Most of the animals I encounter are trusting.
My proximity doesn't stop them continuing
their routine. Especially some small and
medium-sized birds of prey such as this
chanting goshawk, which delights me with its
presence as it perches on a small acacia just
a few metres away.

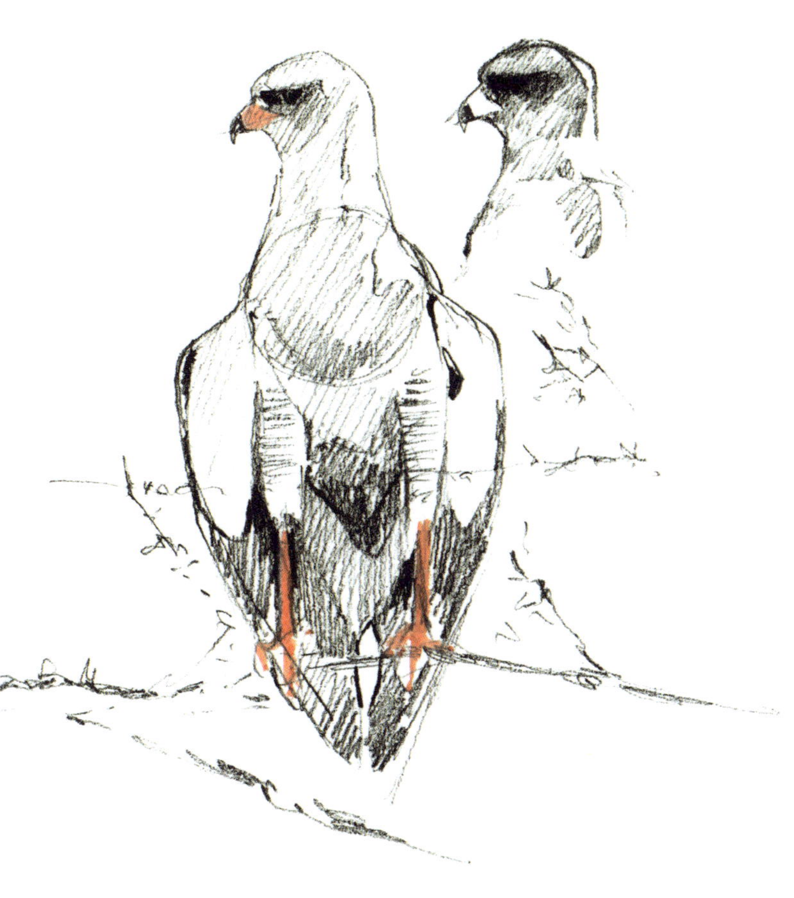

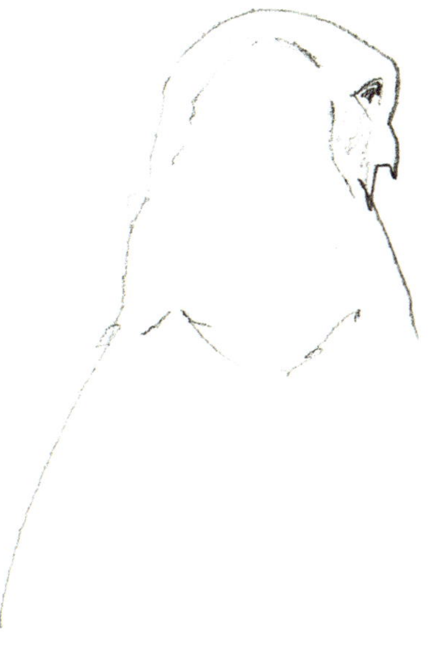

Pequeño rapaz parecido a
un cernicalo, ojos claros.

Cernicalo ojiblanco - Greater Kestrel.

Southern pale
chanting goshawk.

Parado sobre una acacia y espinosa, muy cerca de la pista, casi puedo dibujarle un tde

35

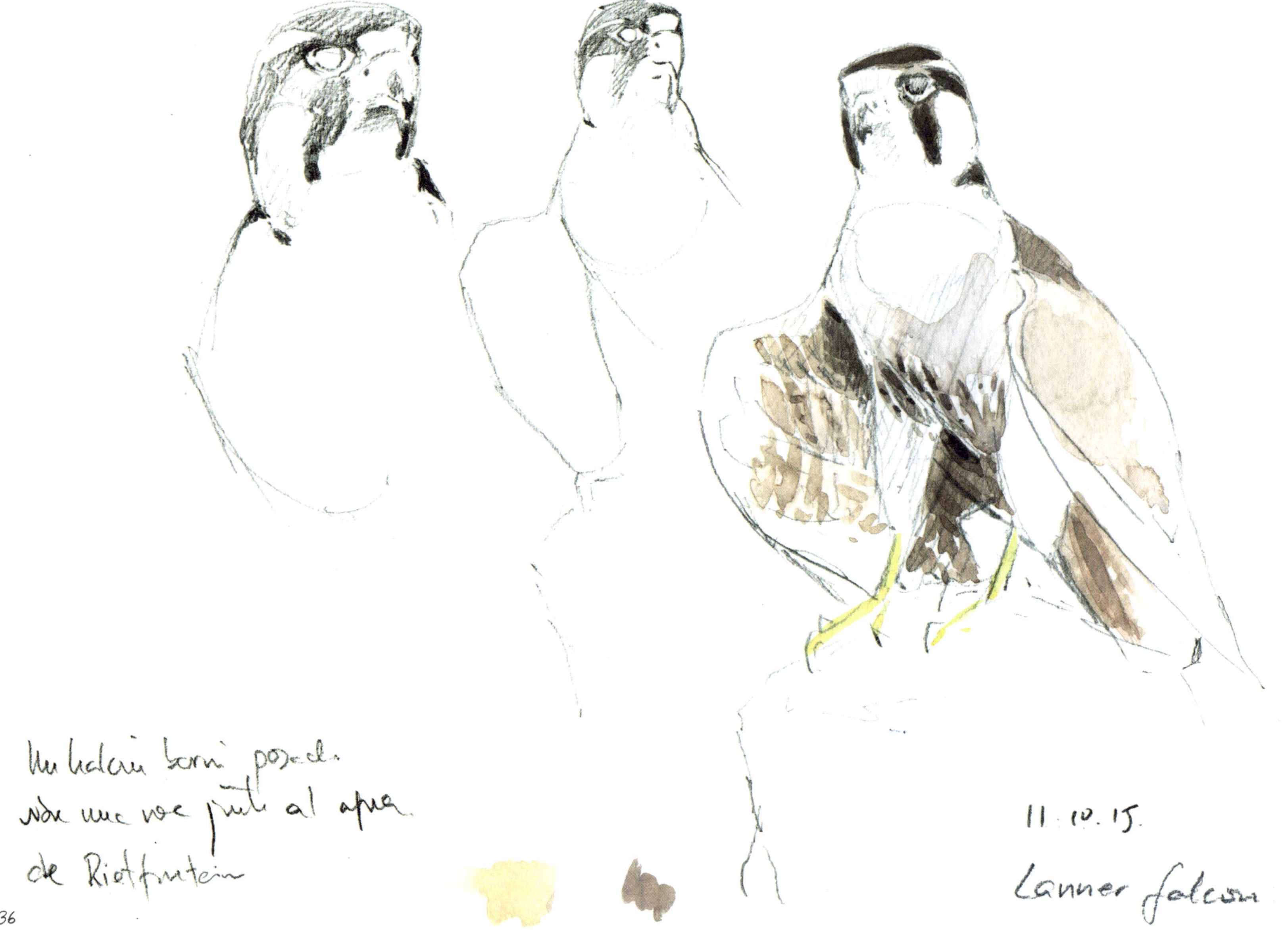

36

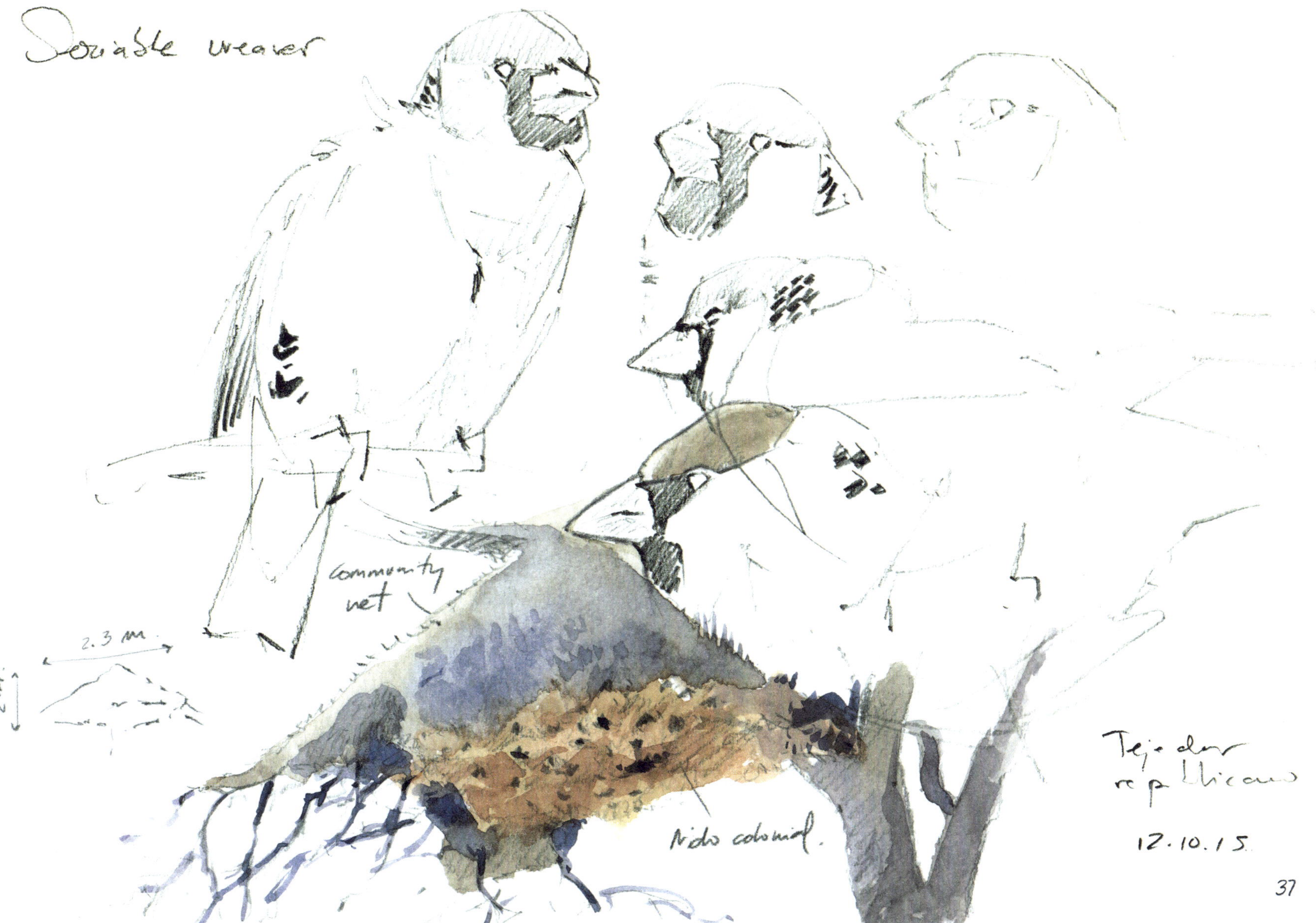

Sociable weaver
Community
nest
2.3 m.
Nido colonial.
Tejedor
republicano
12.10.15
37

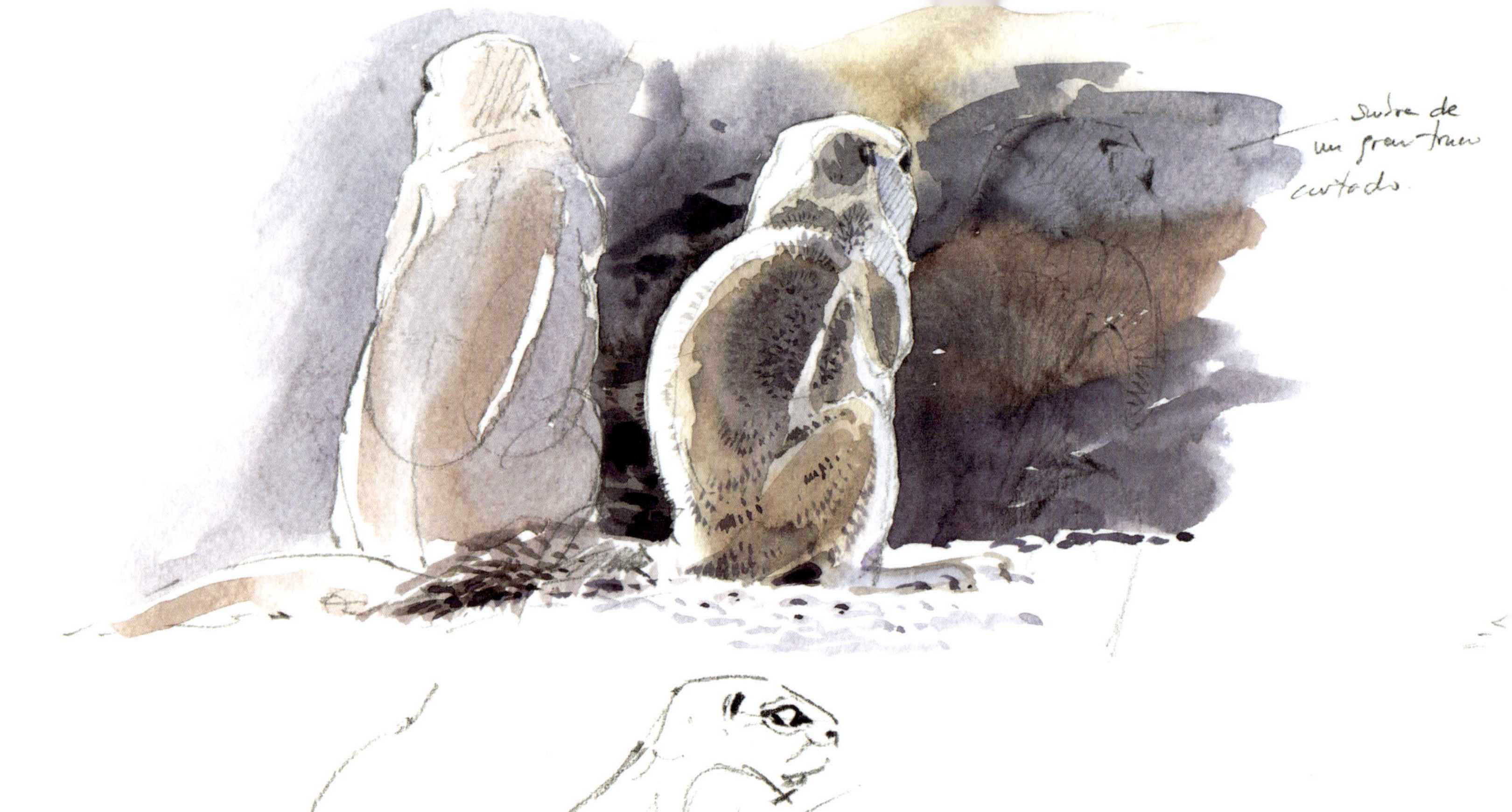

sobre de
un gran tronco
cortado.
17.10.15.
Ardilla de tierra ...
cerca de mi tienda

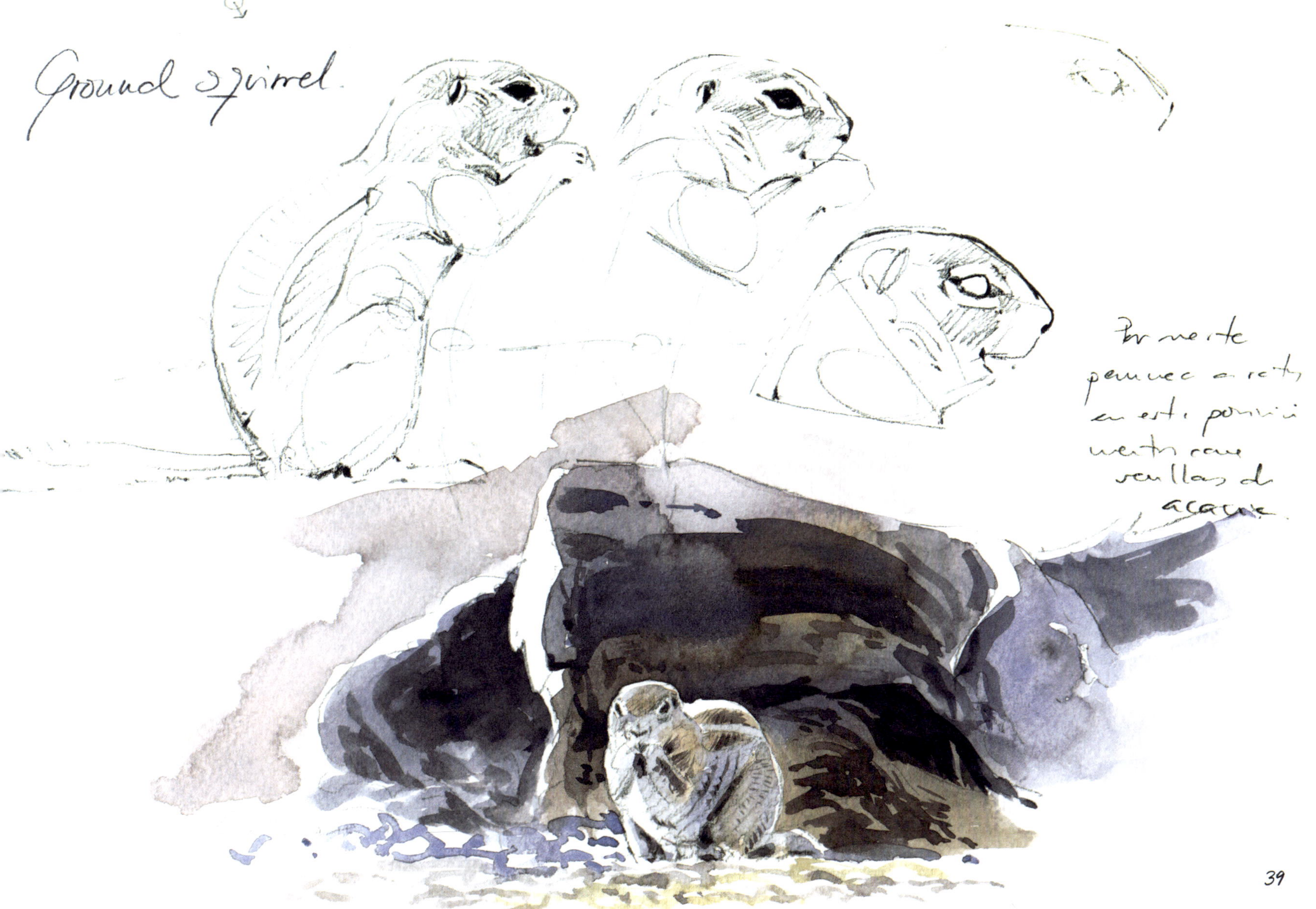

Ground squirrel.
39

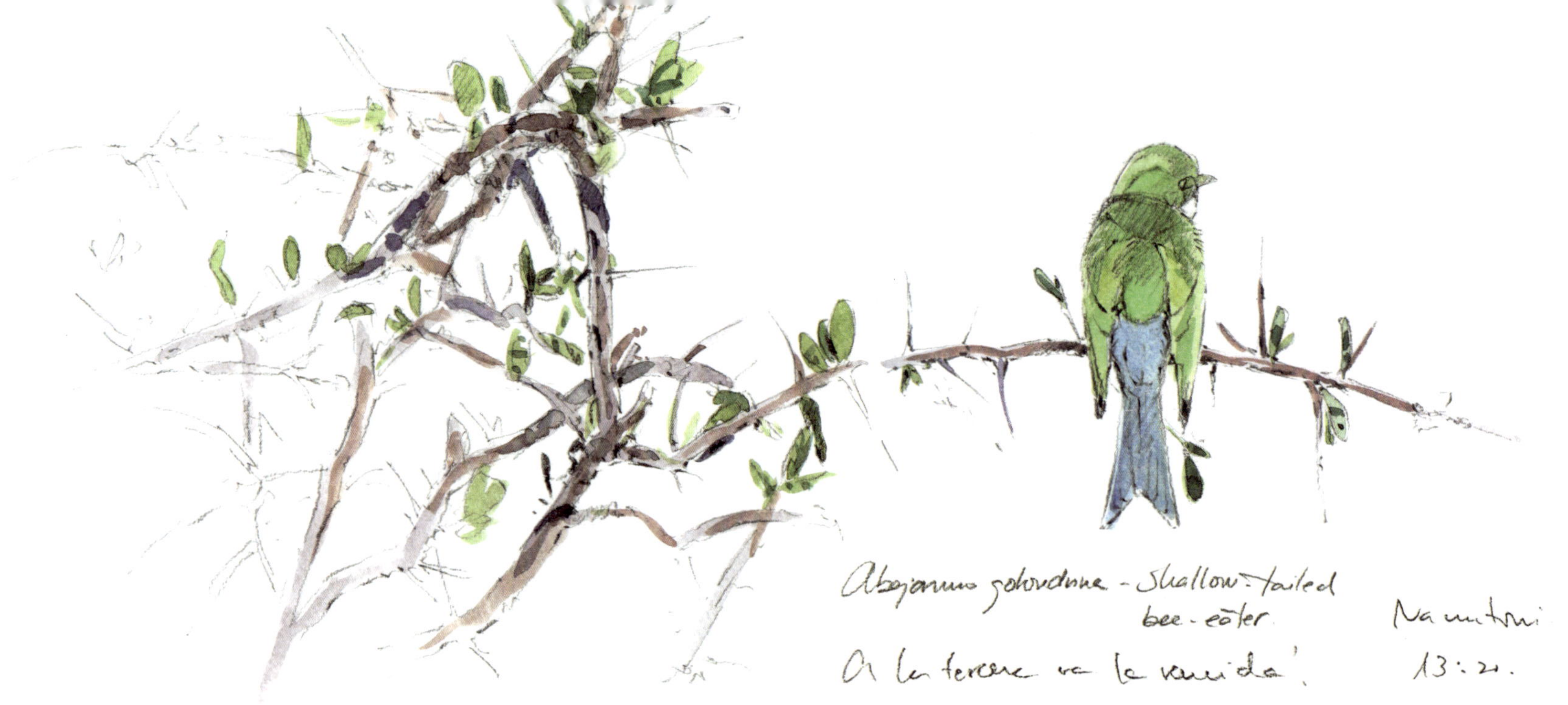

En esta charca llamada Koinachas, cerca de Namutoni, he podido observar ñúes y cebras al atardecer en gran número. Por las mañanas, sobre un arbusto espinoso que crece junto a la orilla, se posan tórtolas (Streptopelia capicola) y un par de abejarucos golondrina (Merops hirundineus). Una de las aves permanece sobre una rama mientras ahueca las plumas del dorso y extiende la cola en lo que parece un baño de sol. Ocurren tantas cosas al mismo tiempo que a menudo tengo dificultades para concentrarme solo en una. Cuando ya doy color al boceto a lápiz, mientras el ave se dedica de nuevo a la caza de insectos, dos majestuosas hubaras (Ardeotis kori) beben en la orilla opuesta.

At this waterhole called Koinachas, close to Namutoni, I have been able to observe large numbers of blue wildebeest and zebras. In the morning, ring-necked doves (Streptopelia capicola) and a pair of swallow-tailed bee-eaters (Merops hirundineus) perch on a spiny shrub growing on the shore. One of the birds stays on a branch as it plumps the feathers on its back and seems to bathe its tail in the sunlight. So many things happen at once that I often find it difficult to concentrate on just one. While I colour the pencil sketch, the bird once again begins its hunt for insects, and two majestic bustards (Ardeotis kori) drink on the opposite shore.

Brillos metálicos, iridiscentes, imposibles.
Estornino de El Cabo

cape glossy starling.
17.10.15. 17:20.
camino de Halali

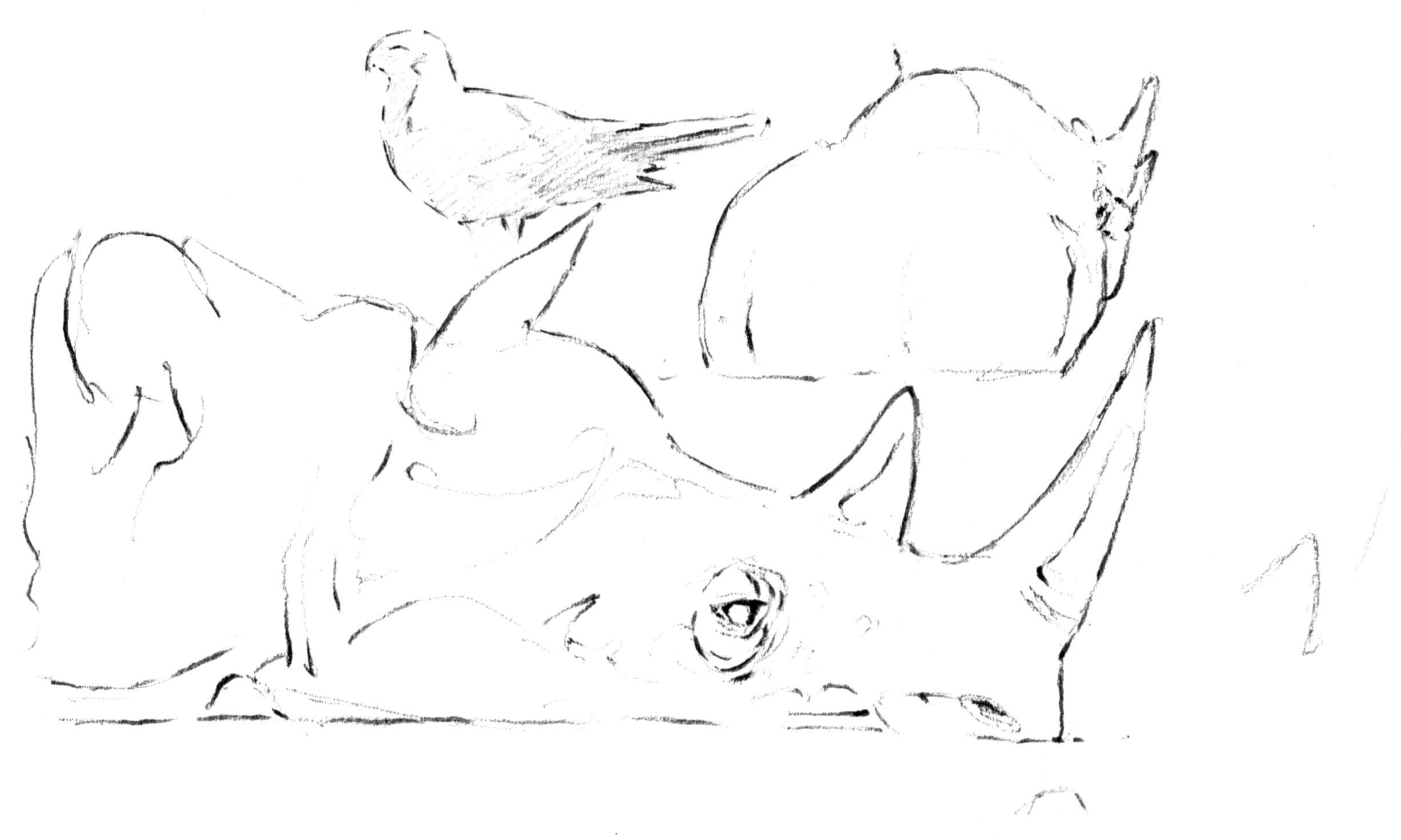

depuis de encaminarre parc... li del... pui,
undre... envi pove... du meum...

Rinoceronte negro (Black rhinoceros)

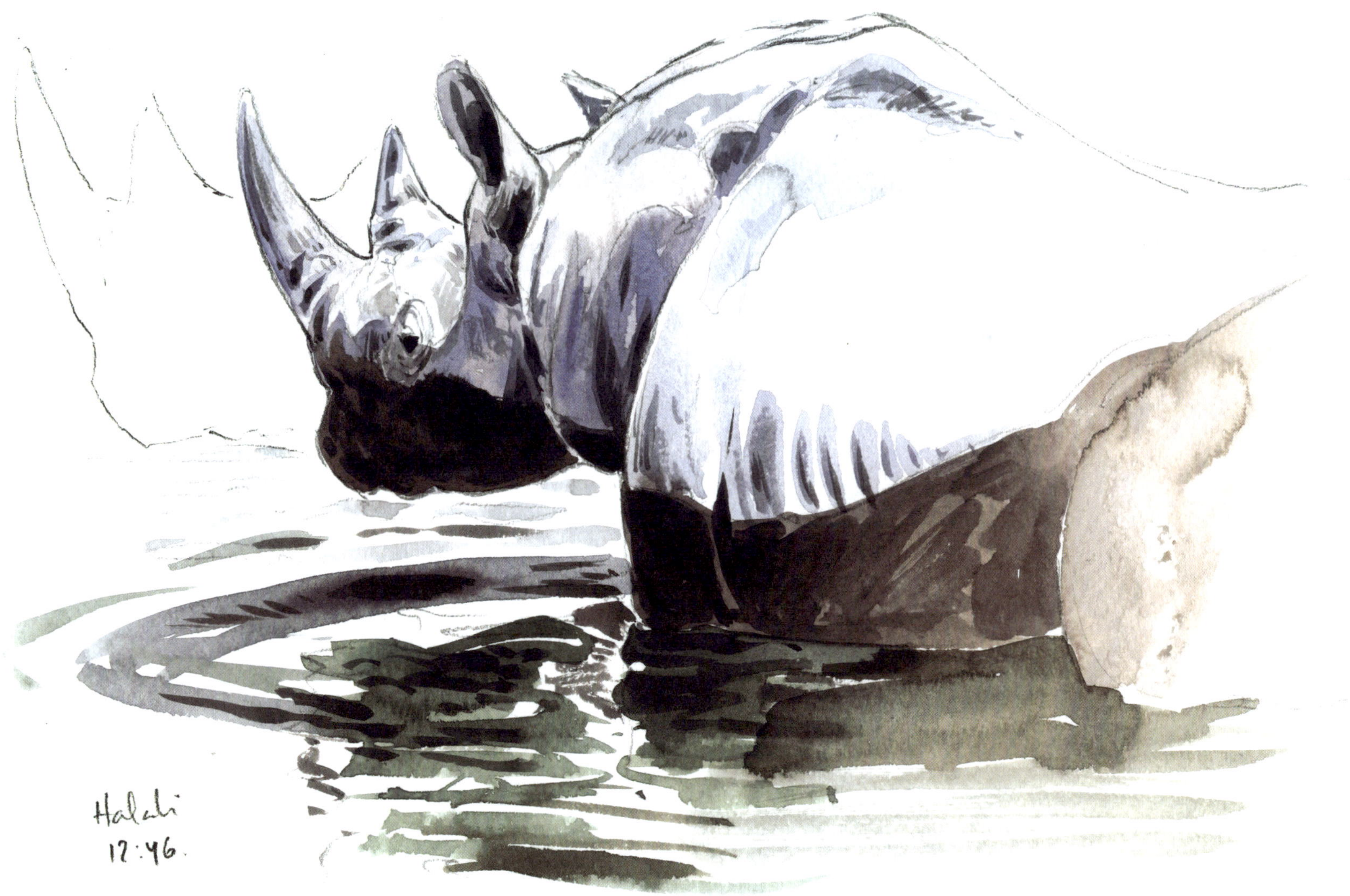

Halali
17:46.

43

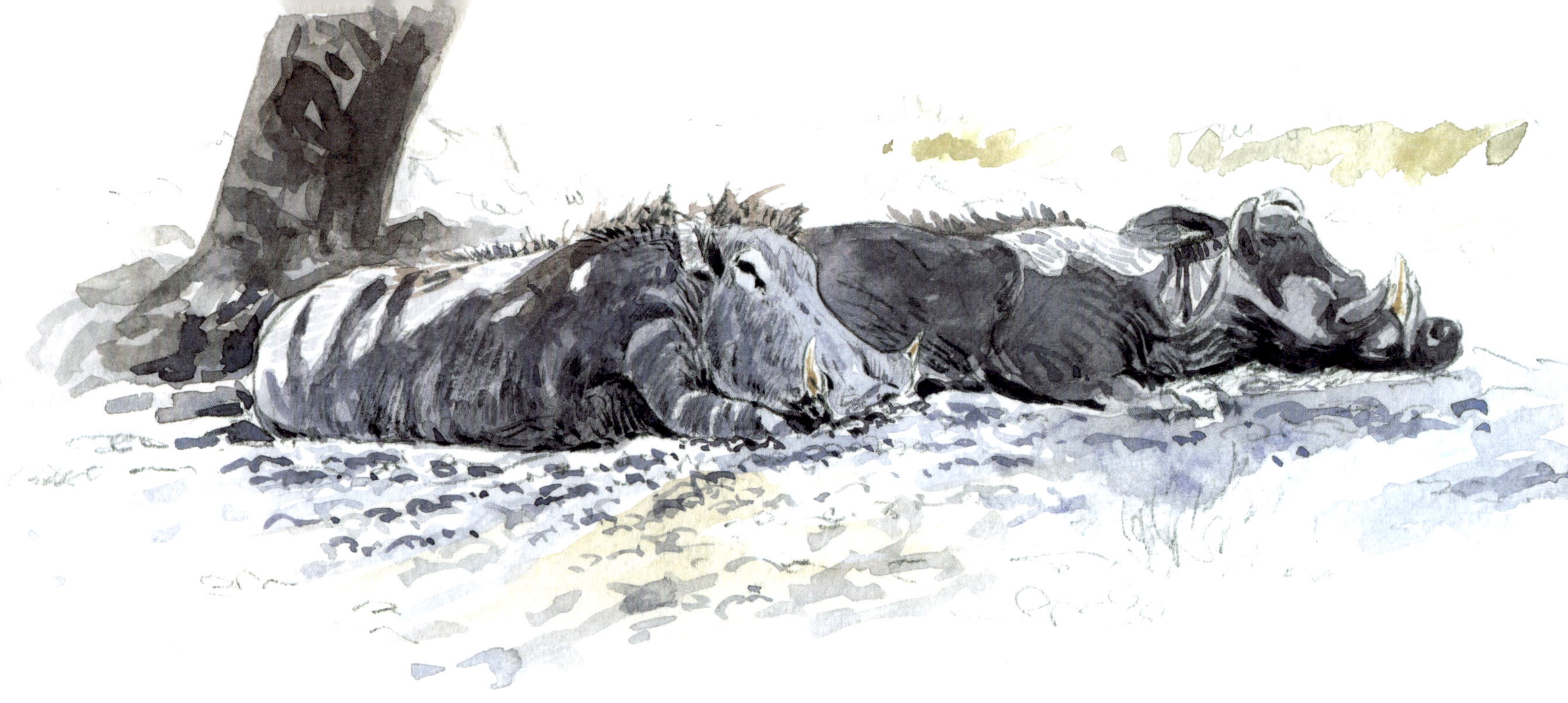

En amplias zonas de sabana del E del parque escasean los árboles. Cerca de la charca de Twee Palms, mientras rodeo Fischer's Pan, bajo la única acacia existente en una extensa área, dos facoceros comunes comparten sombra con un avefría coronada. Sopla un viento casi perenne, el mismo que algunos días solo se apacigua durante la noche, y el avefría, como una veleta, orienta su cuerpo tratando de ofrecer la menor resistencia posible. Después de varios días mis trazos sobre el papel van adquiriendo más seguridad y cada nuevo dibujo, desprovisto de la tensión de los primeros días, es puro disfrute.

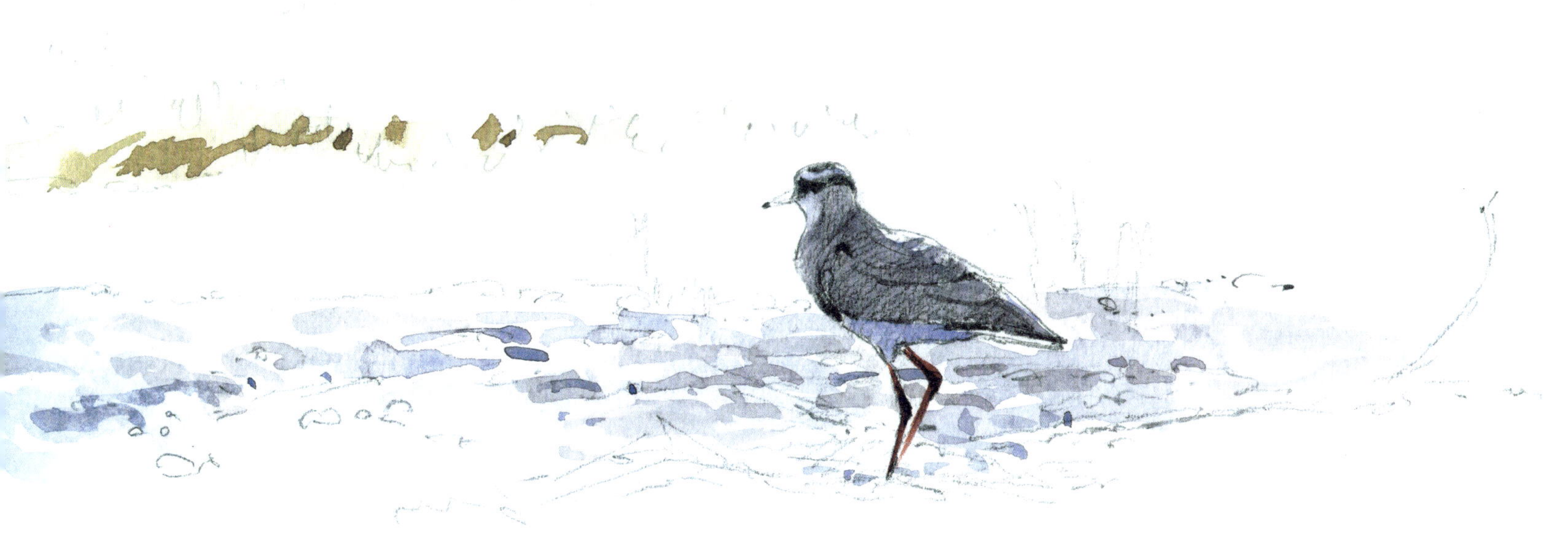

Trees are scarce in large expanses of savannah to the east of the park. Close to the Twee Palms waterhole, as I border around Fischer's Pan, two common warthogs share the shade of the only acacia growing in a vast area with a crowned lapwing. The wind blows almost continuously, the same wind that some days only calms during the night, and the lapwing positions its body, like a weather vane, to offer as little resistance as possible. After several days, my strokes on the paper become more confident and each new drawing, free from the tension of the first days, is pure enjoyment.

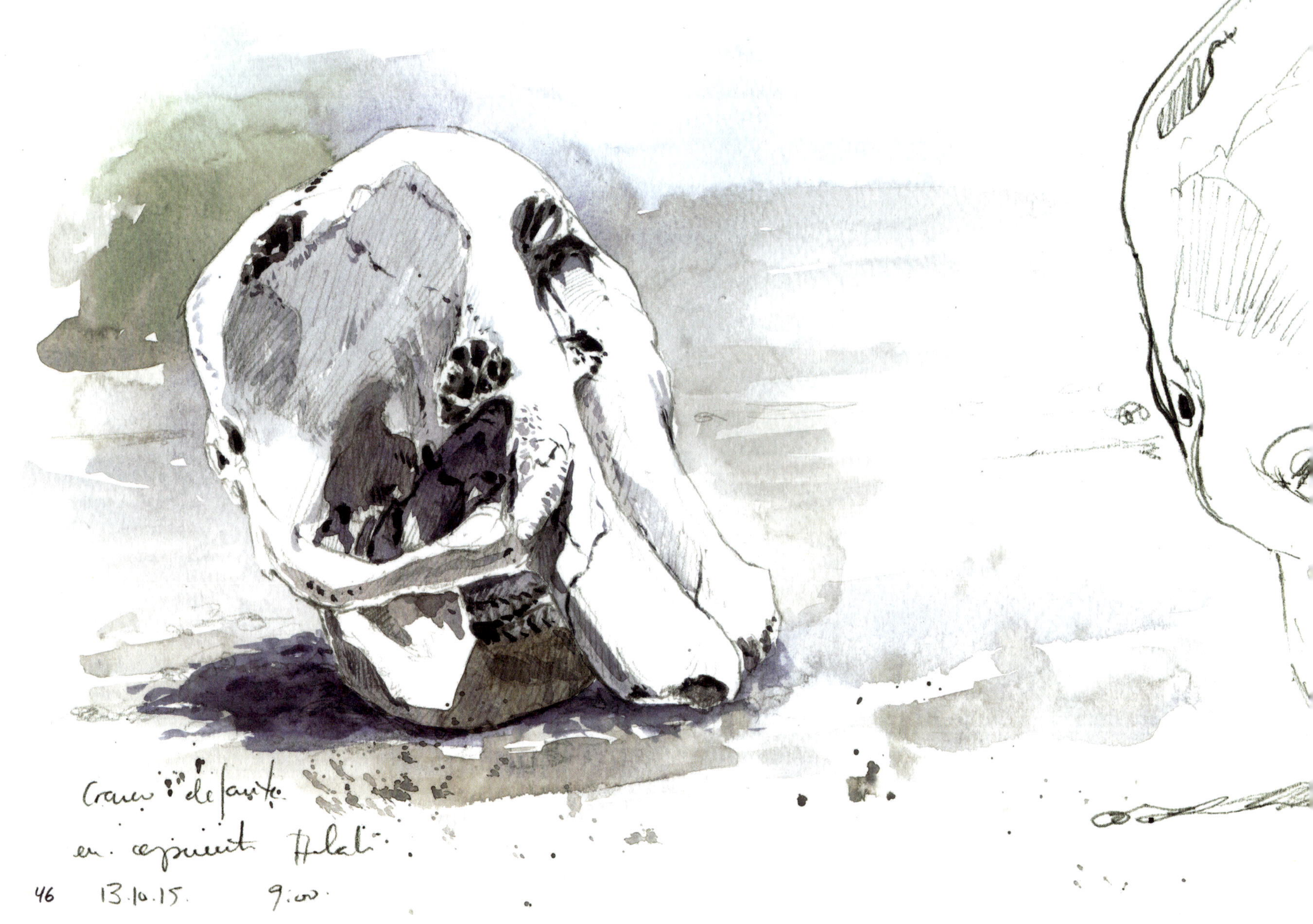
Crâne de santé
en aquarelle Hulali.
46   13.10.15.   9:00.

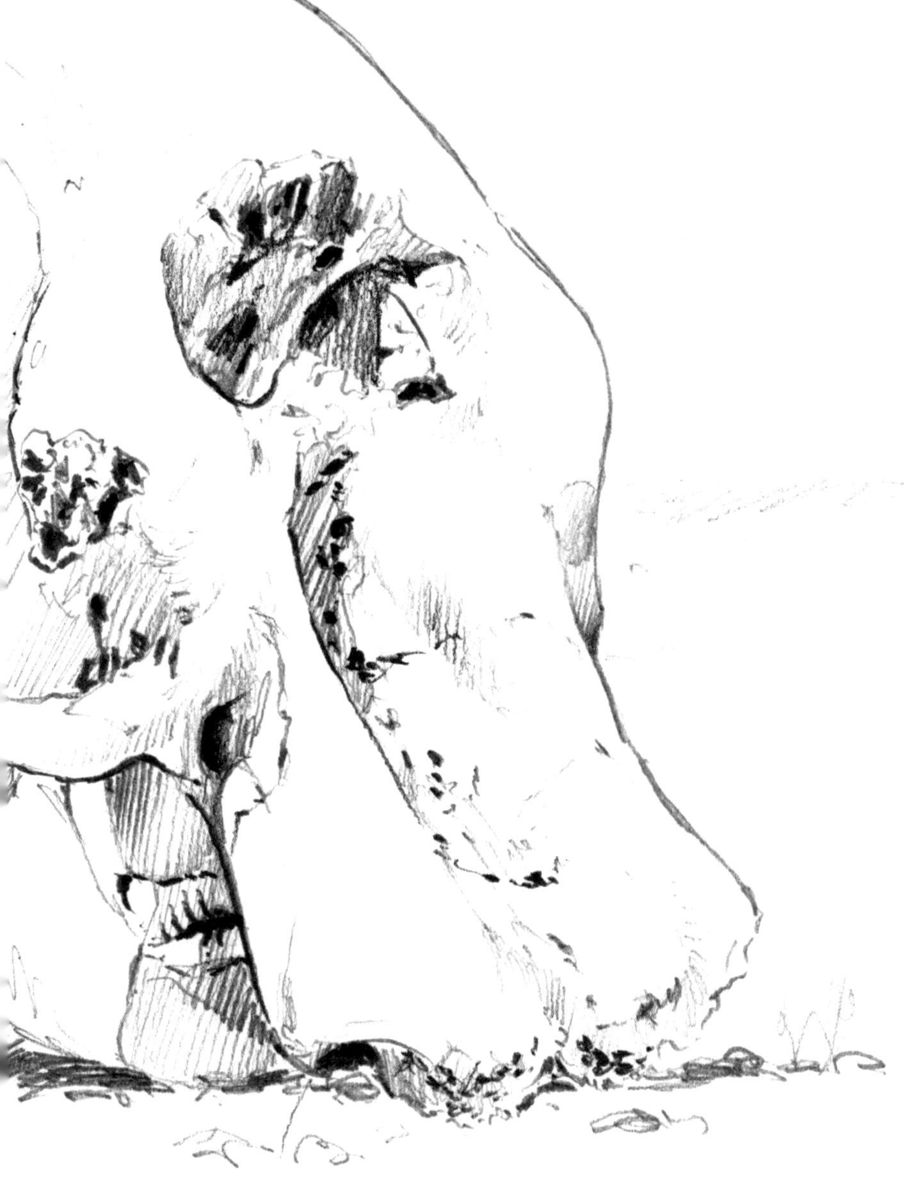

El ser vivo que un día habitó dentro y alrededor de este cráneo, ya no está. Ahora puedo admirar la arquitectura de este edificio óseo maravilloso y comprobar cómo la vida construyó esta colosal coraza para proteger sus valiosos sentidos. Sobre el blanco hueso, los azules del cielo sobreviven en los rincones donde la luz del sol no alcanza a aniquilarlos.

The being that once lived inside and around this skull is no longer there. Now I can admire the architecture of this marvellous bone building, and see how life built this colossal shell to protect its valuable senses. The blues of the sky survive on the white bone, in the corners where the sunlight does not shine to annihilate them.

Como la vida construye una coraza entorno así. Es espectacular!!

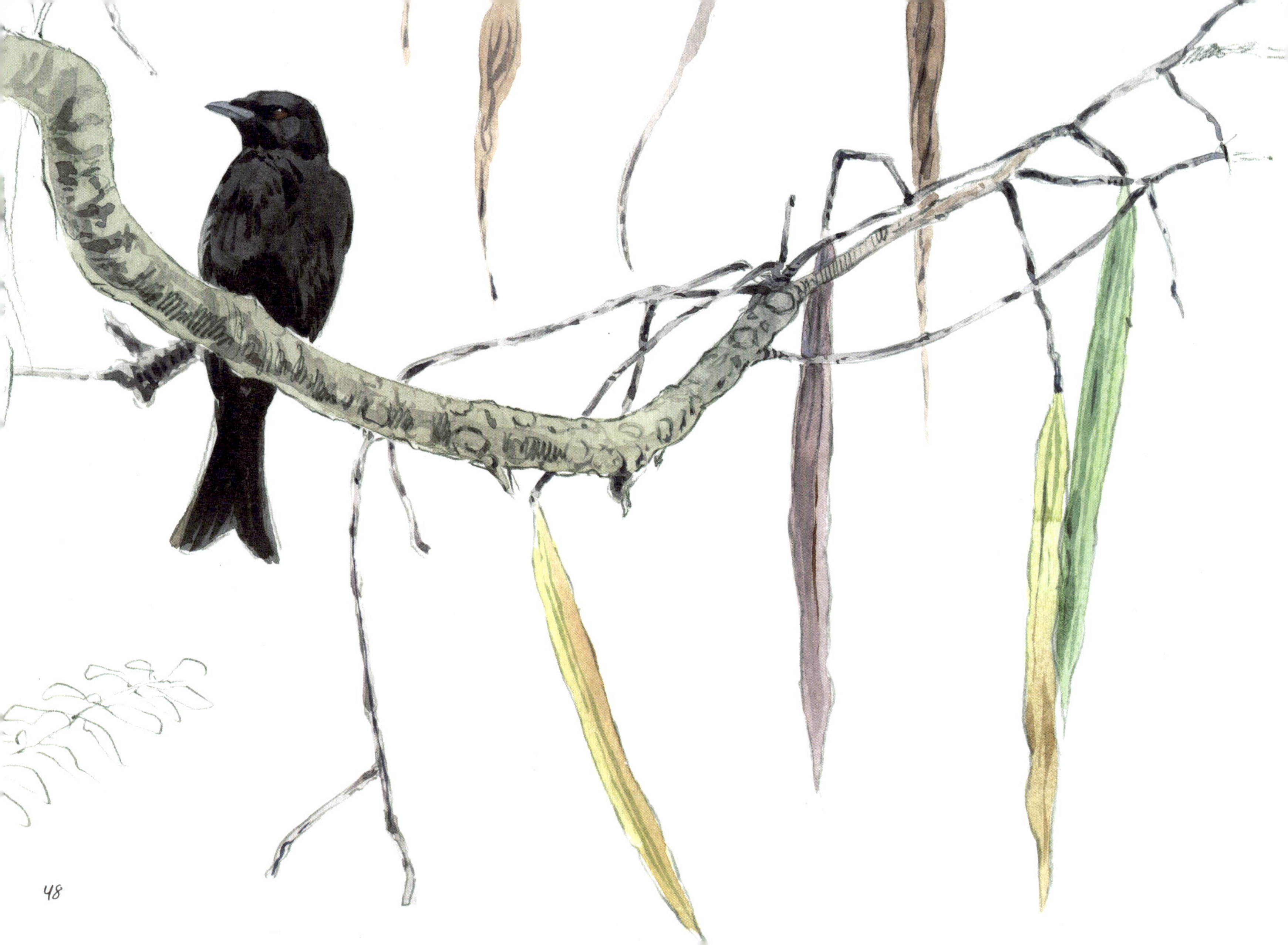

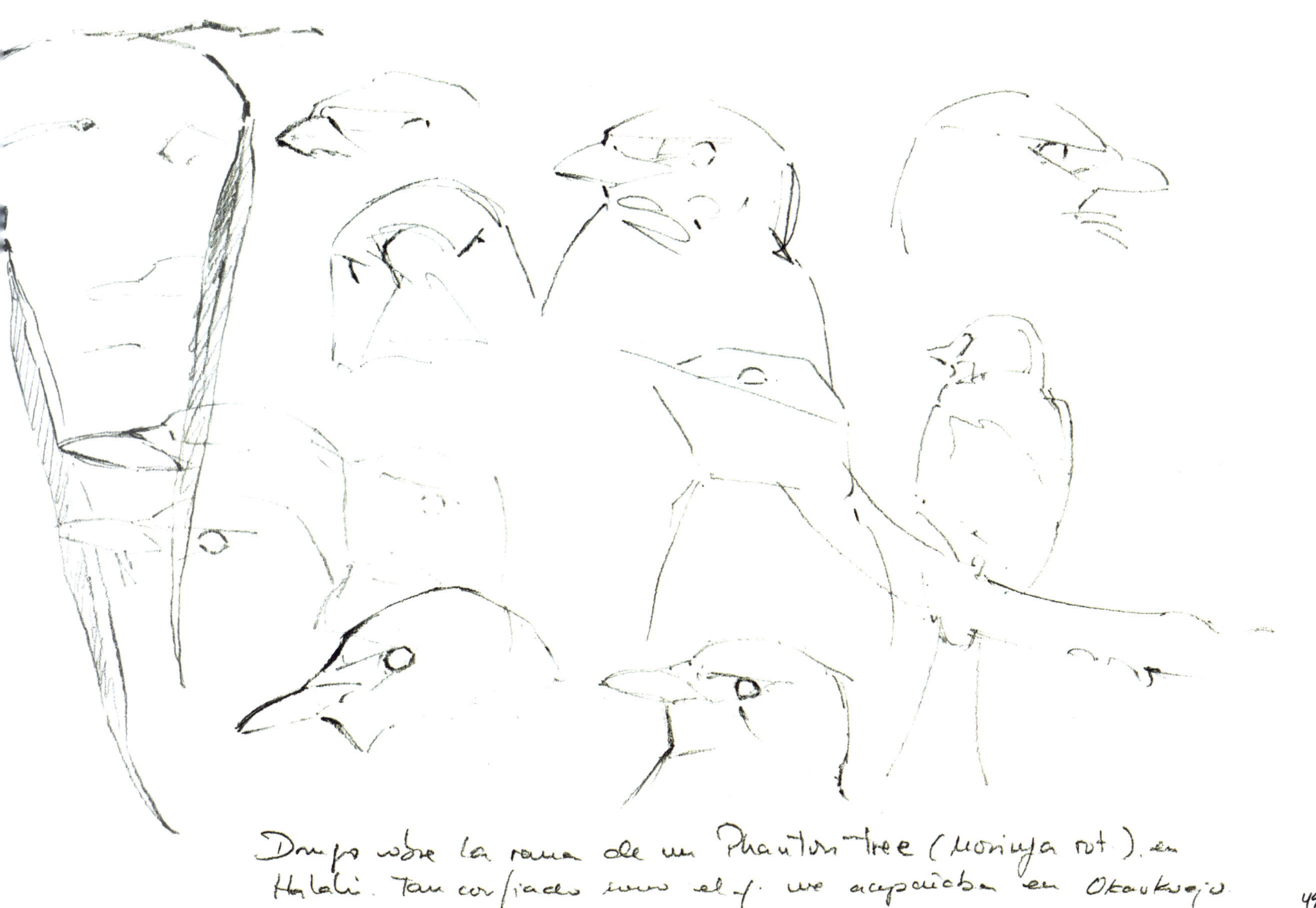

Drongos sobre la rama de un Phantom-tree (Moringa ovalifolia) en
Halali. Tan confiados como el ♂ me acompañaba en Okaukuejo.

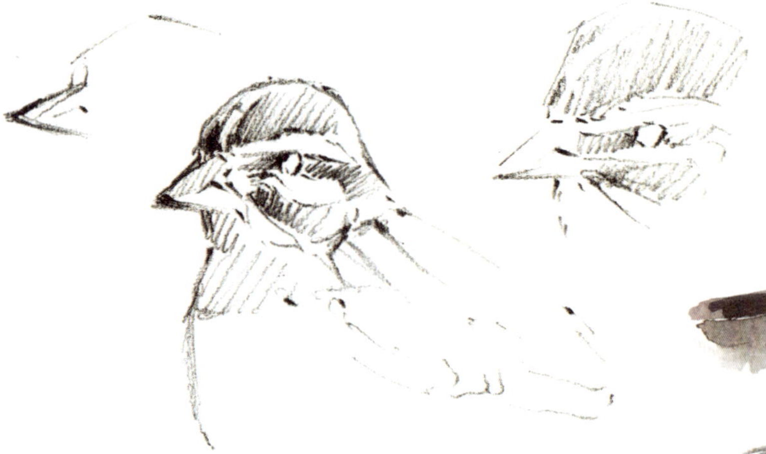

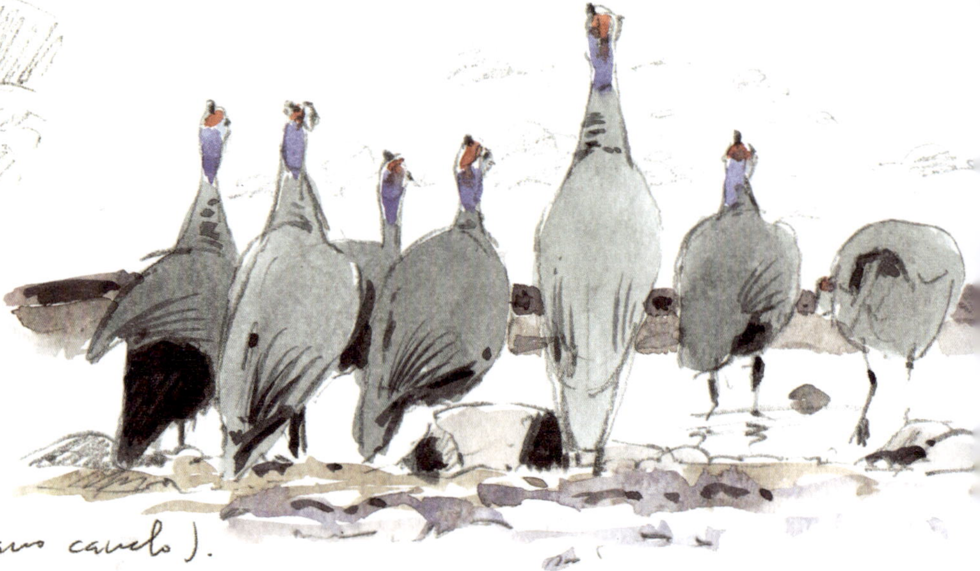

Cinnamon - breasted bunting. (Escribano camelo).
Recuerda mucho al Escribano montesino.

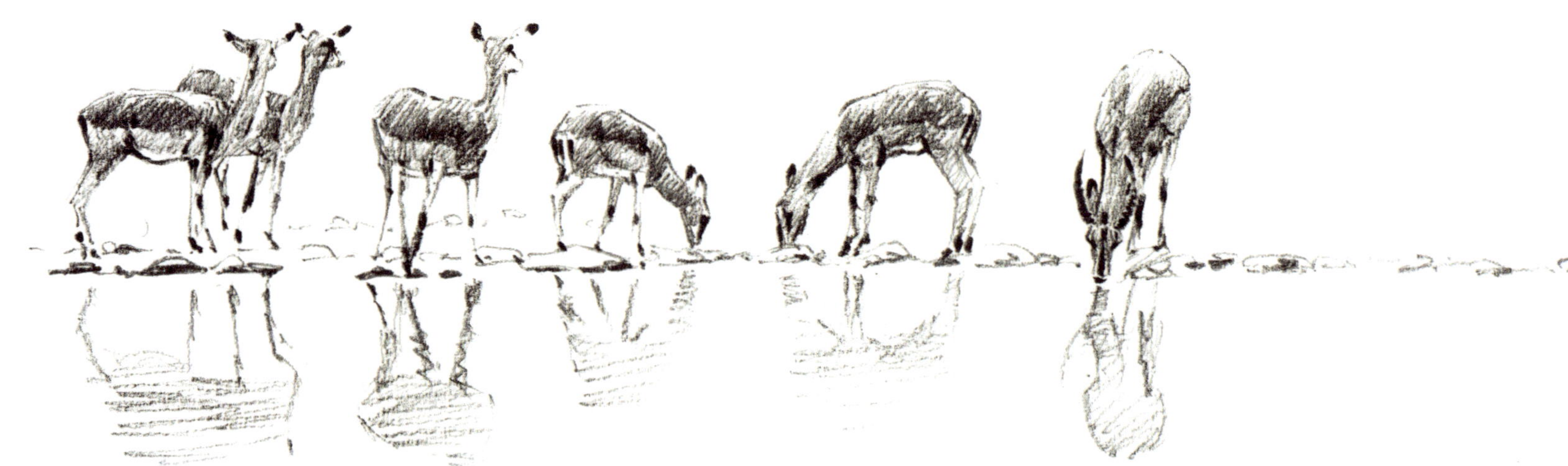

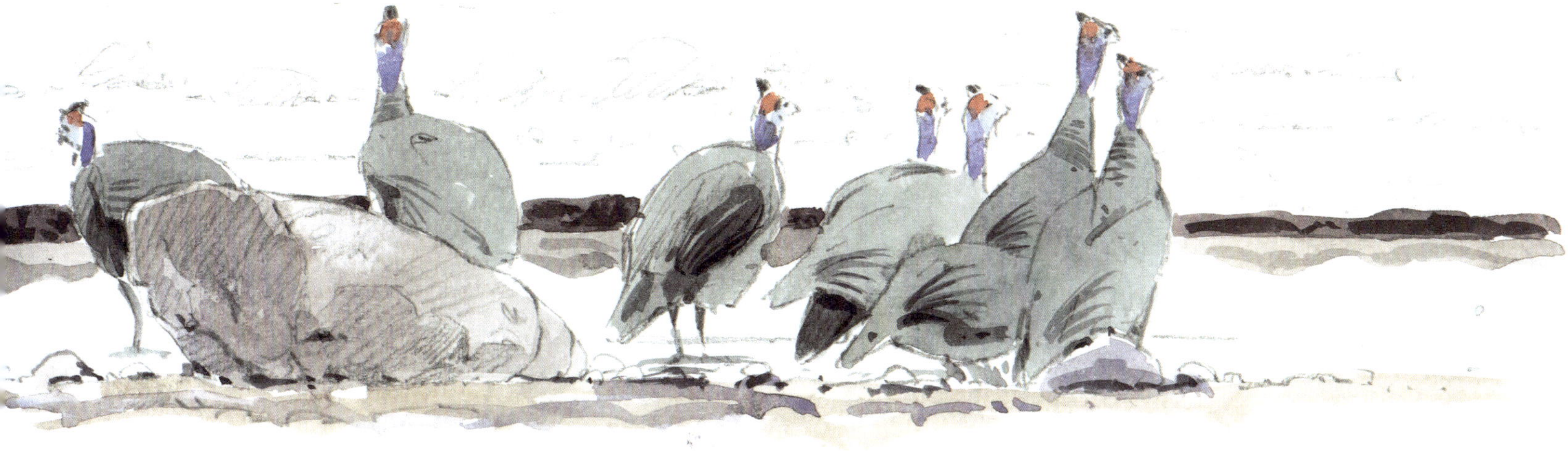

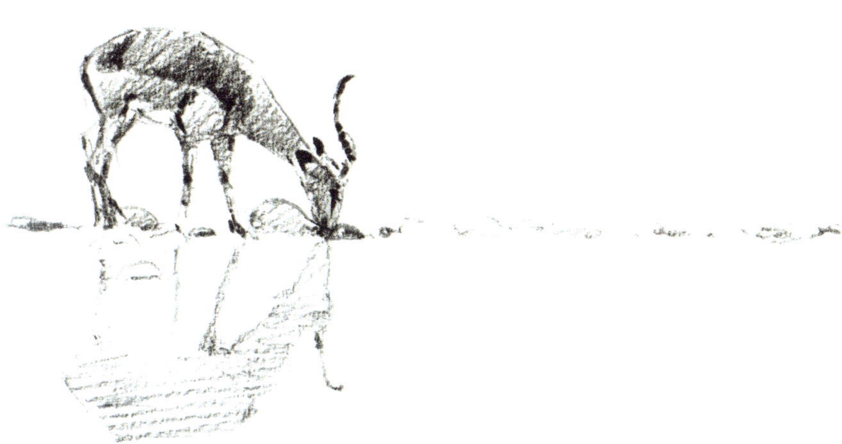

Pintadas (Harmeted guineafowl).

Impalas de frente negra (Black-faced impala).

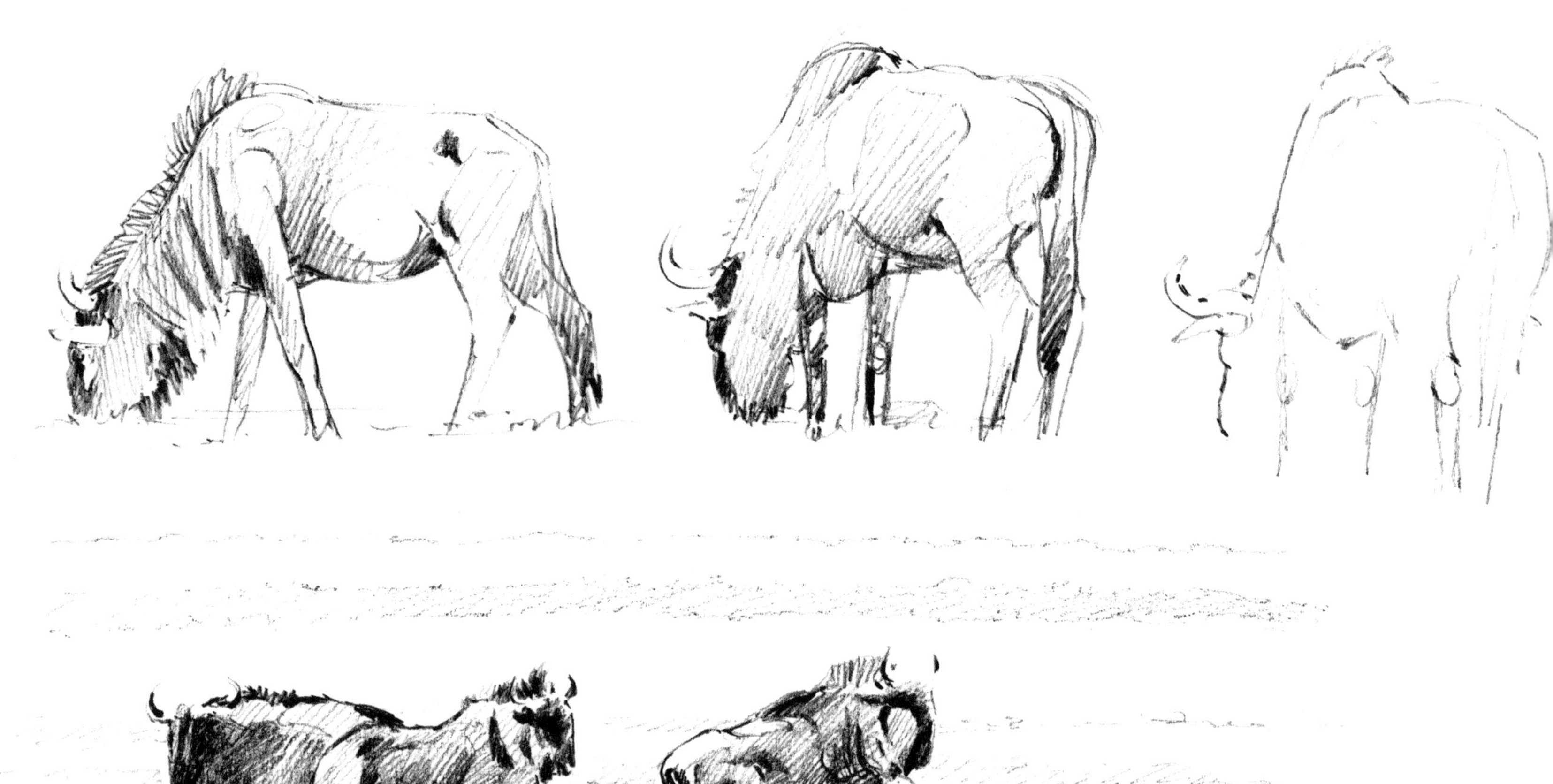

Grupo aislado de ñus situados entre Halali y Okauk.
52 Cruzan animales. Cerca, algunos avestruces y varios oryx aislados pastando

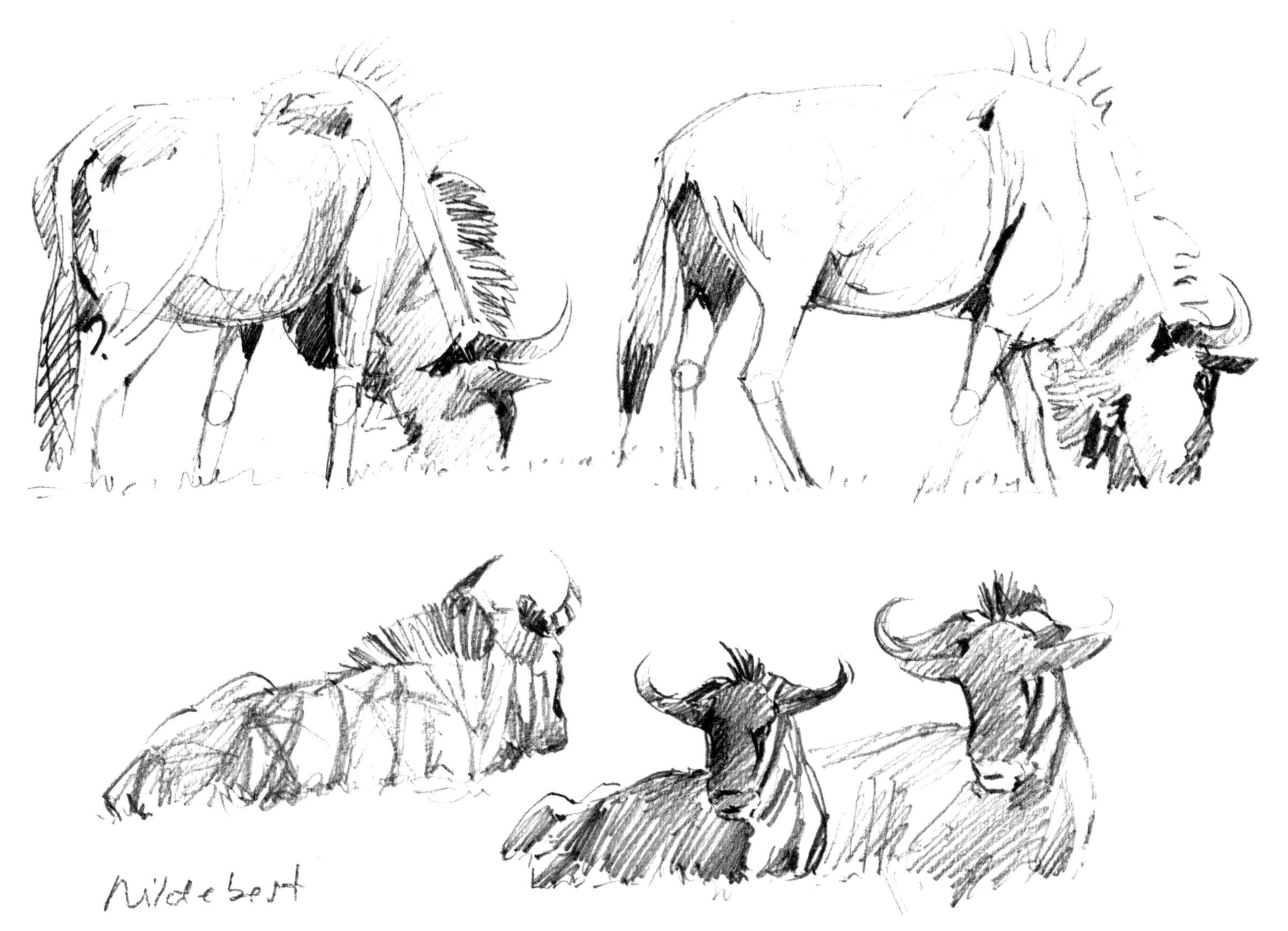

Wildebeest

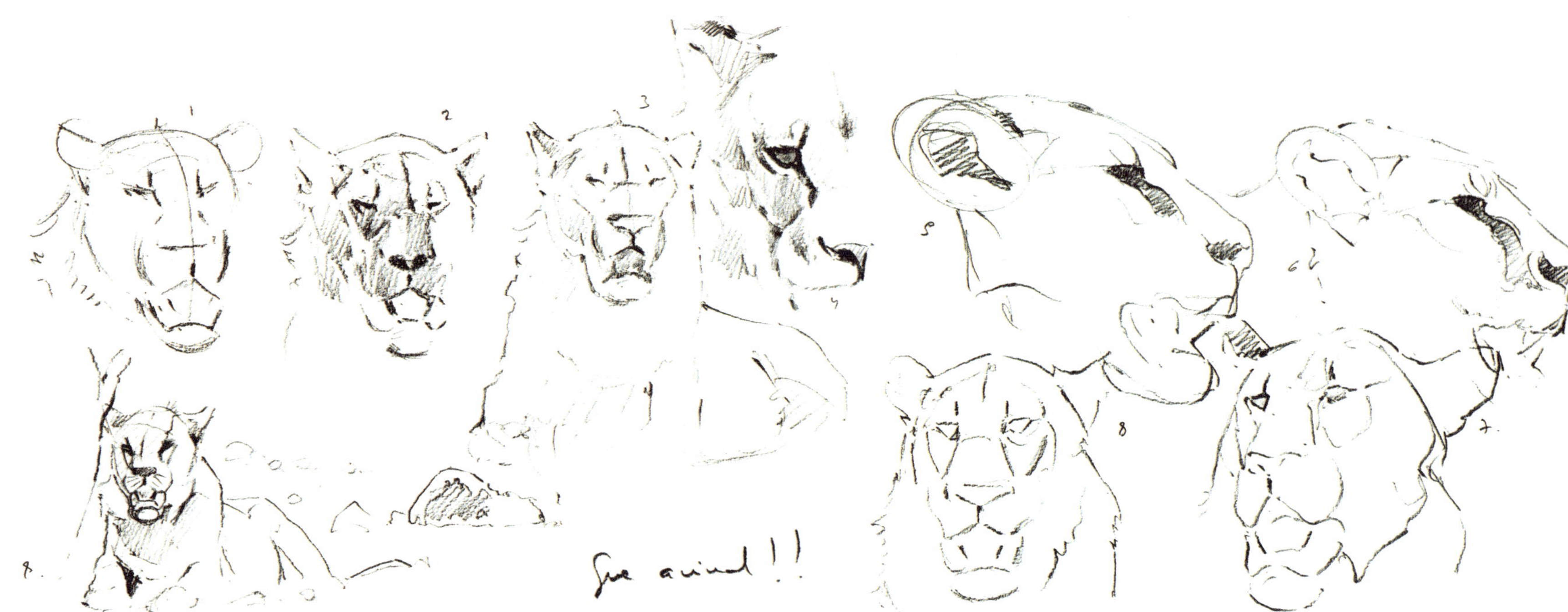

La naturaleza se muestra aquí con toda su belleza y también con toda su crudeza. Los animales forman un continuo con ella, son como naturaleza condensada. Y se manifiesta en diversas formas.
Como en la de este joven león macho que descansa junto a sus hermanos y el resto de su familia. Es el único que no permanece tumbado. Ojos entornados y fauces abiertas, jadeantes. Lo observo y dibujo durante casi media hora. Llegado el momento, una hembra adulta se levanta y se adentra hacia la llanura, inmensa. Se detiene cada poco tiempo, mira sobre sus pasos y los somnolientos jóvenes, con pereza, se van incorporando y la siguen. Tan bellos como letales. Es la hora de comer.

Here you can observe nature in all its beauty and also in all its severity. The animals form a continuum with nature; they are like condensed nature. This is evident in various ways.
Like this young male lion resting next to his siblings and the rest of his family. He's the only one not lying down. Eyes half closed and jaws open, panting. I observe and draw him for almost half an hour. When the time comes, an adult female rises and moves towards the immense plain. She stops every few seconds, looks back at her tracks, and the sleepy young lions lazily get up and follow her. They are as beautiful as they are deadly. It's time to eat.

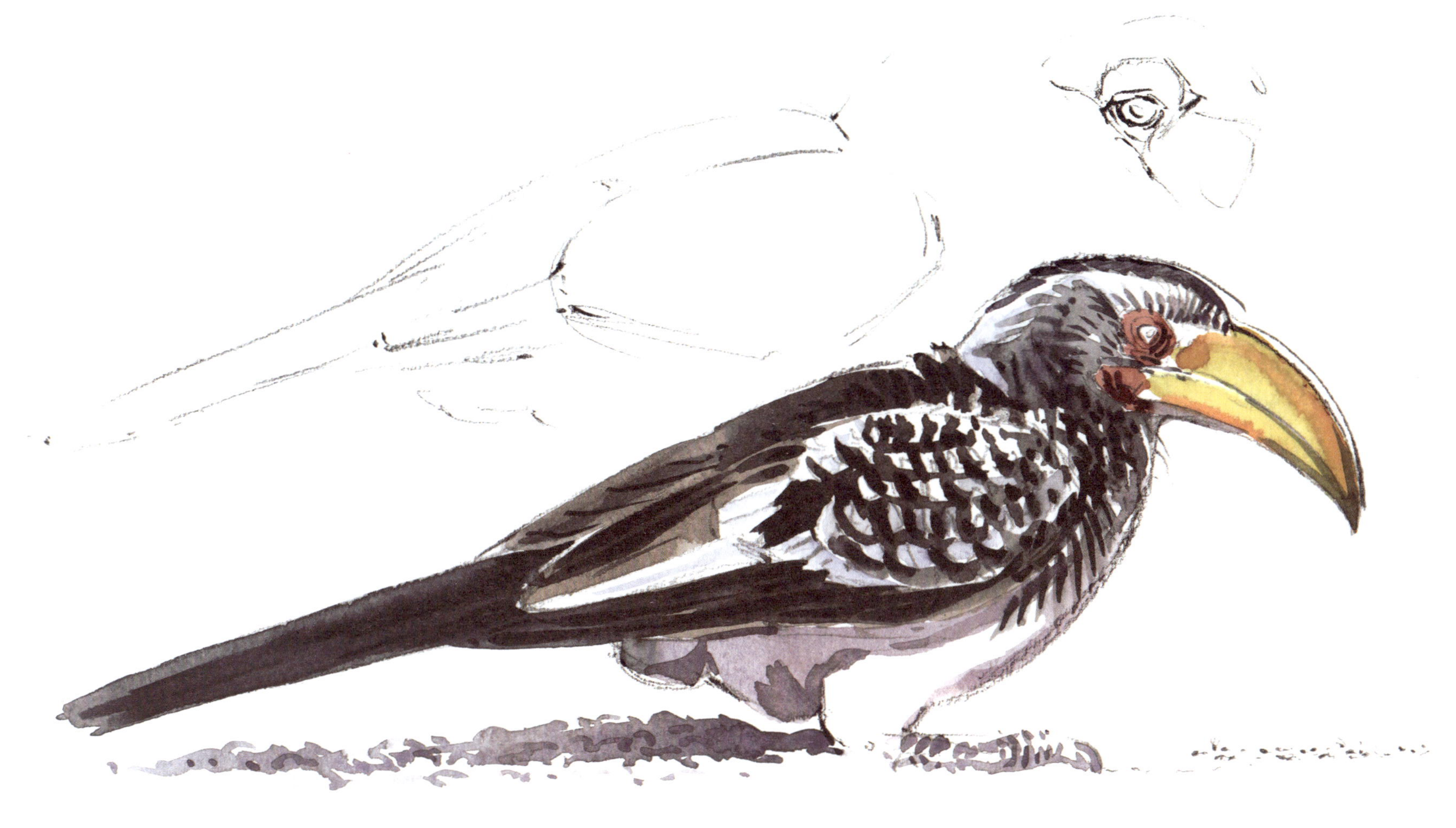

Yellow billed hornbill. (Toco piquigualdo).

Comiendo termitas junto a estorninos metálicos. No, son hormigas!!

55

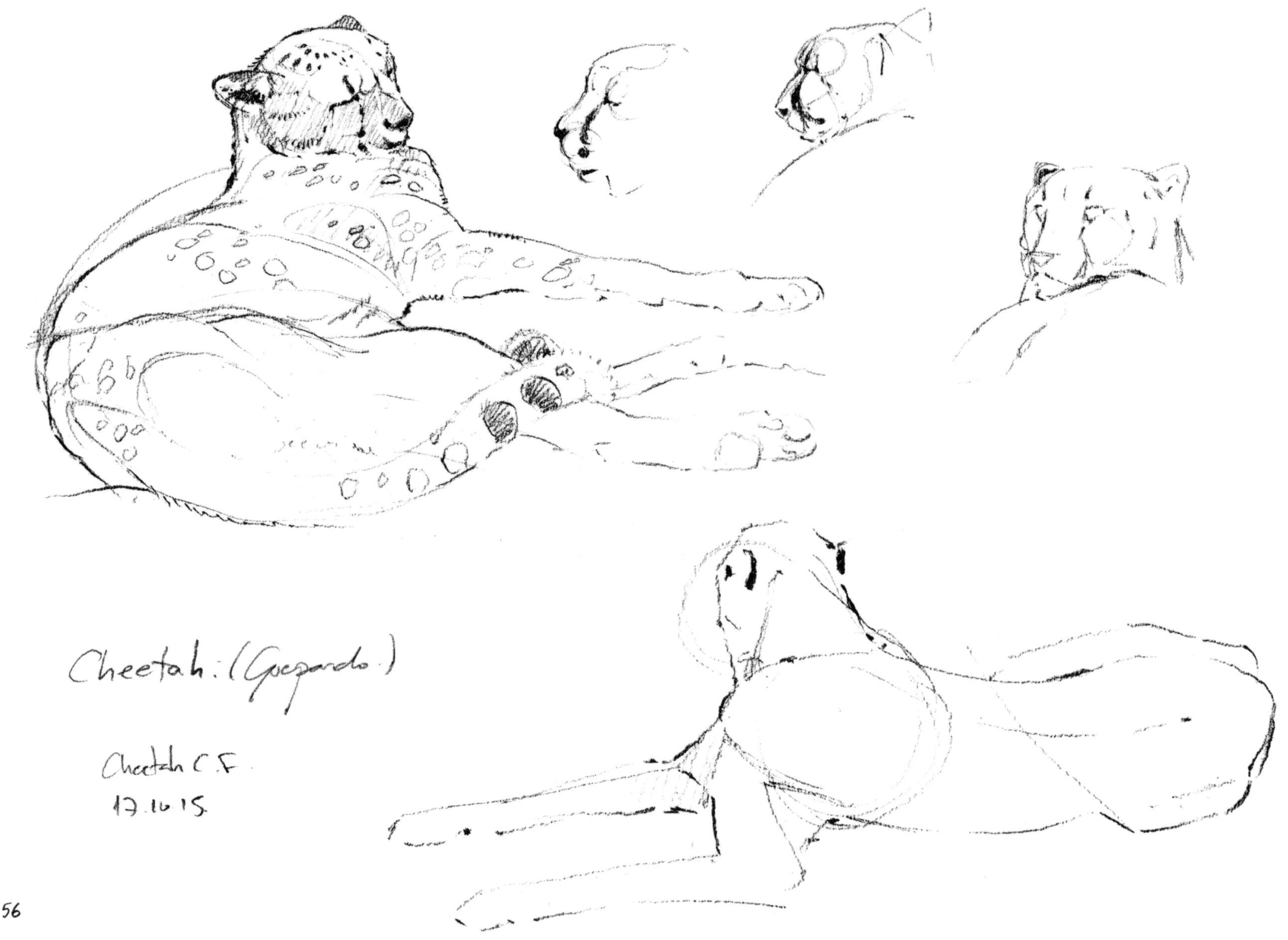

56

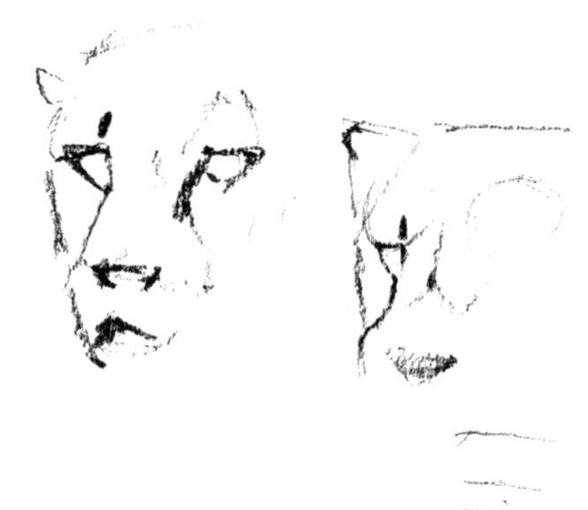

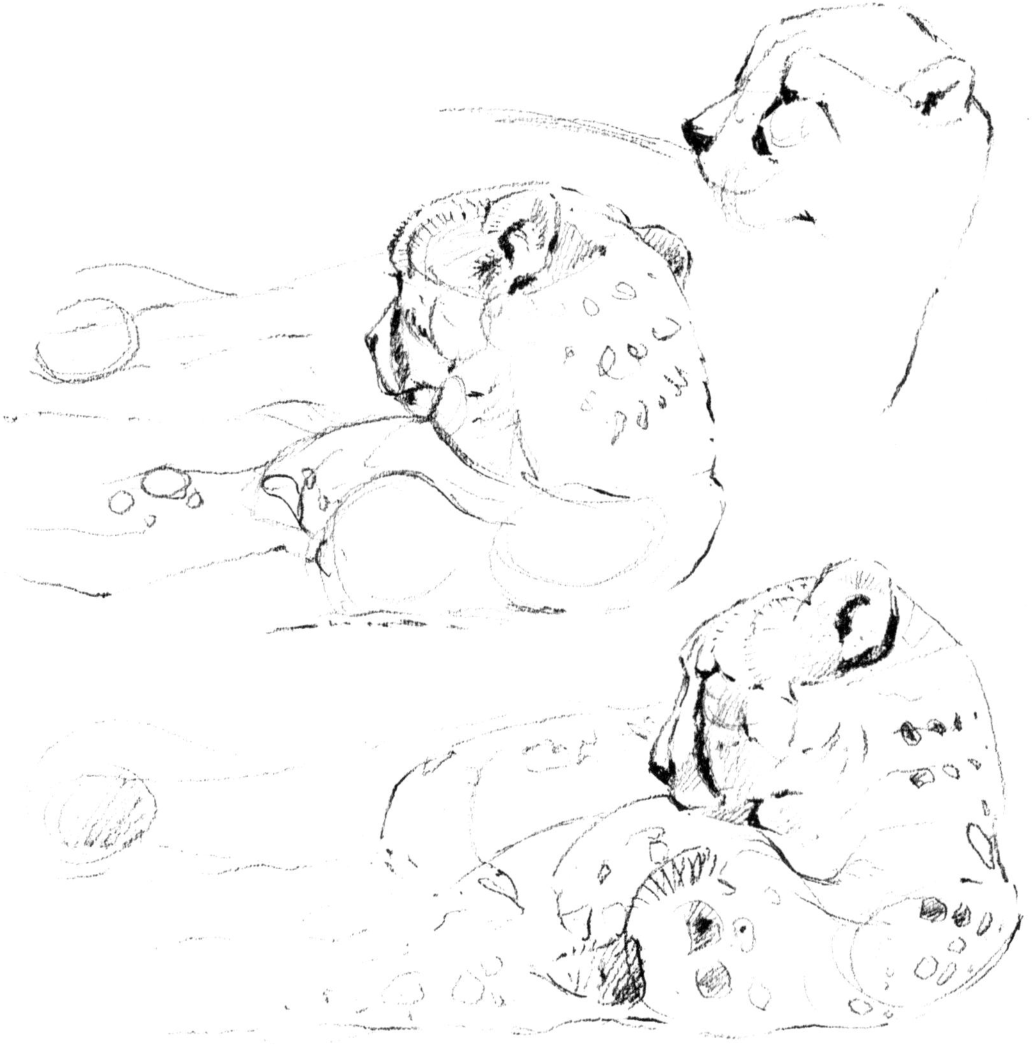

Junto a estos extraordinarios animales, uno se siente extraña y felizmente ignorado, al comprender que están tan íntimamente ligados a su entorno que los seres humanos solo somos un elemento más del mobiliario. No obstante, a veces, una fugaz mirada me recuerda que son muy conscientes de mi presencia.

Next to these extraordinary animals you feel strangely and happily ignored when you understand that they are so closely tied to their environment that humans are just another piece of the furniture. Nevertheless, a fleeting glance sometimes reminds me that they are very aware of my presence.

Vainas de Moringa ovalifolia (Phantom tree).
Semillas e inflorescencia de varias especies, desconocidas.

58

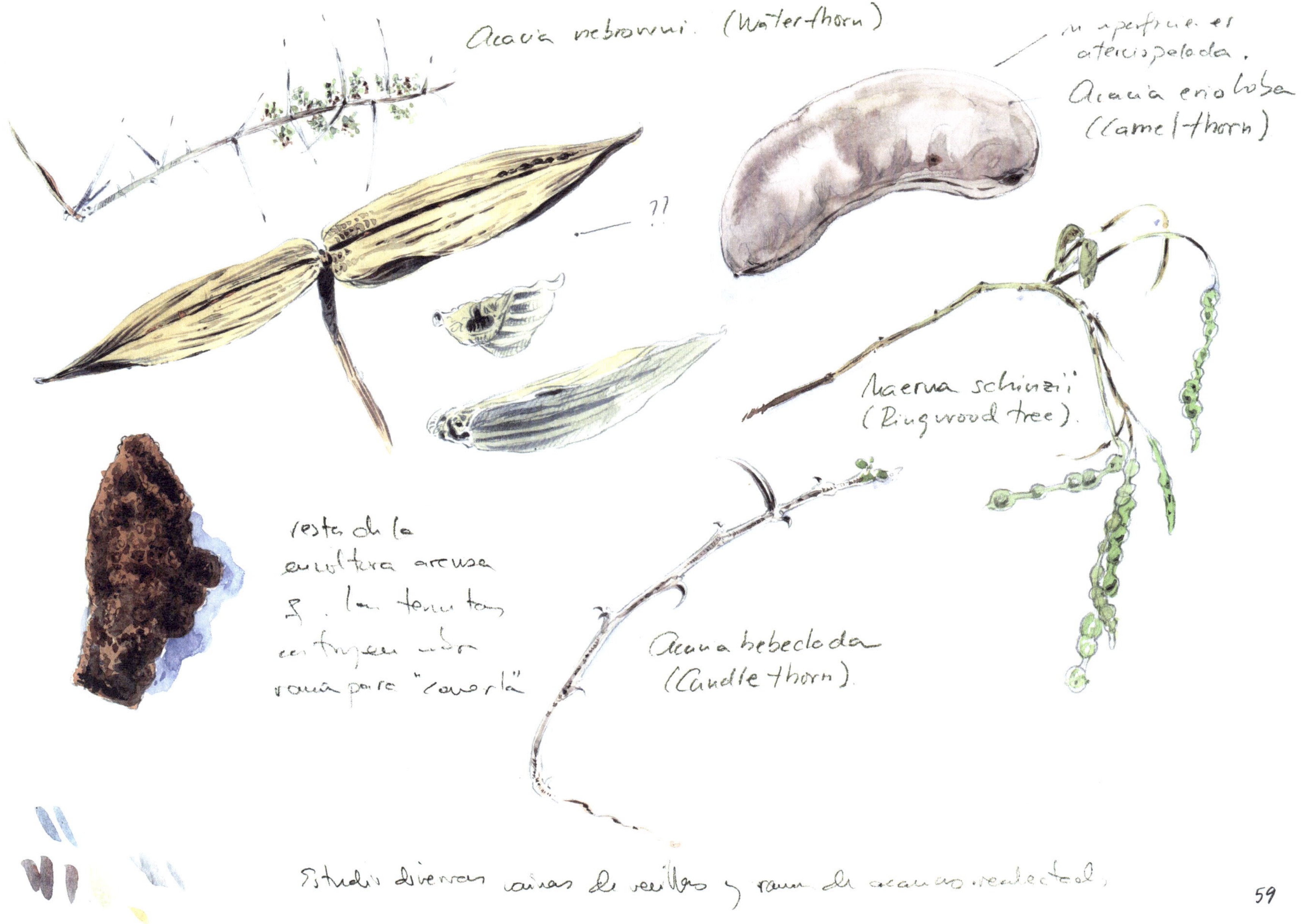

Acacia nebrownii. (Water-thorn)
superficie es aterciopelada.
Acacia erioloba (camel-thorn)
??
Maerua schinzii (Ringwood tree).
resto de la envoltura arcusa
g. las terminan
enfrigan odor
roui pora "conorta"
Acacia hebeclada (Candle thorn).
Estudio diversas vainas de semillas y ramas de acacias recolectadas.
59

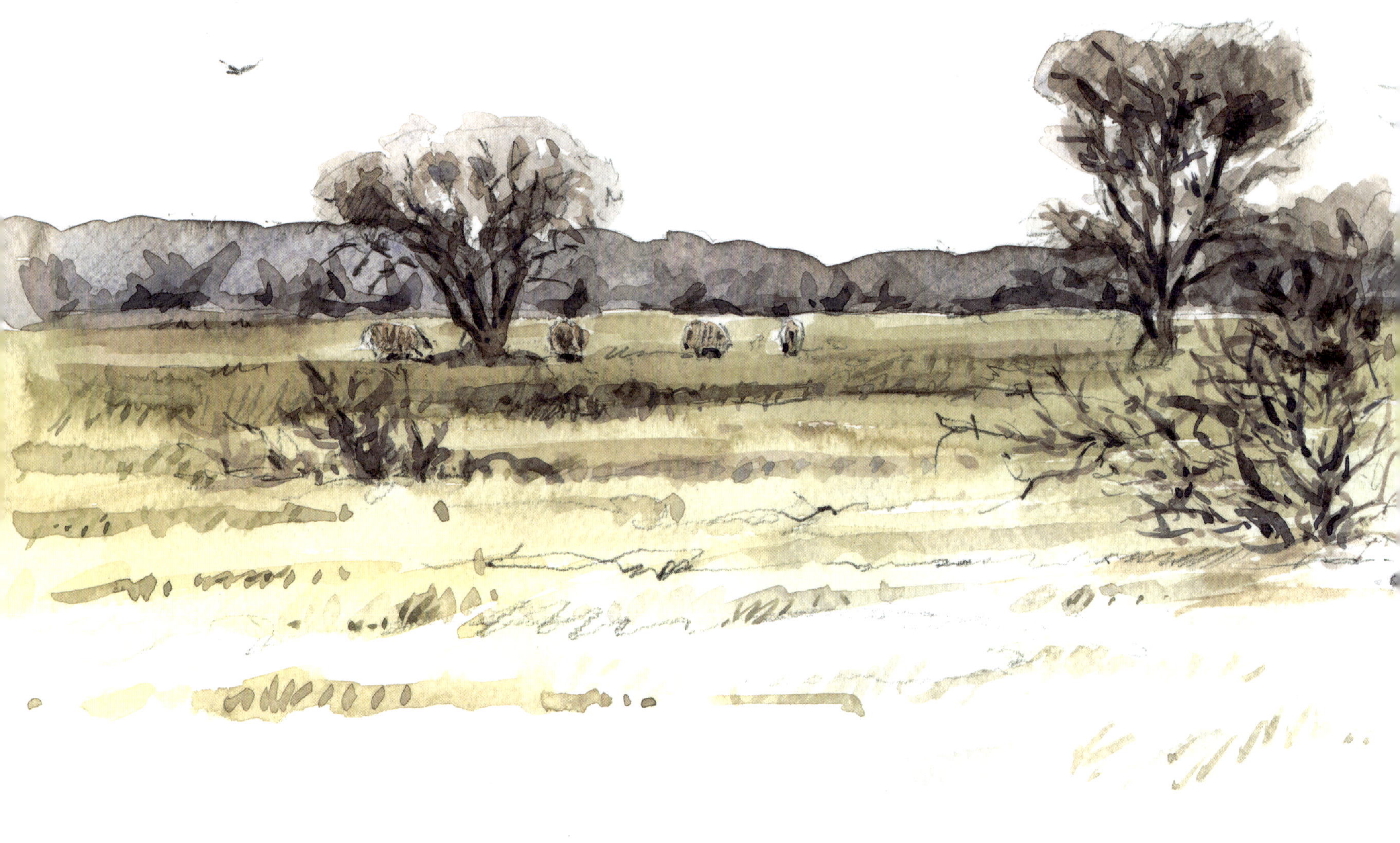

Mount-building termites
and Zebras.

60

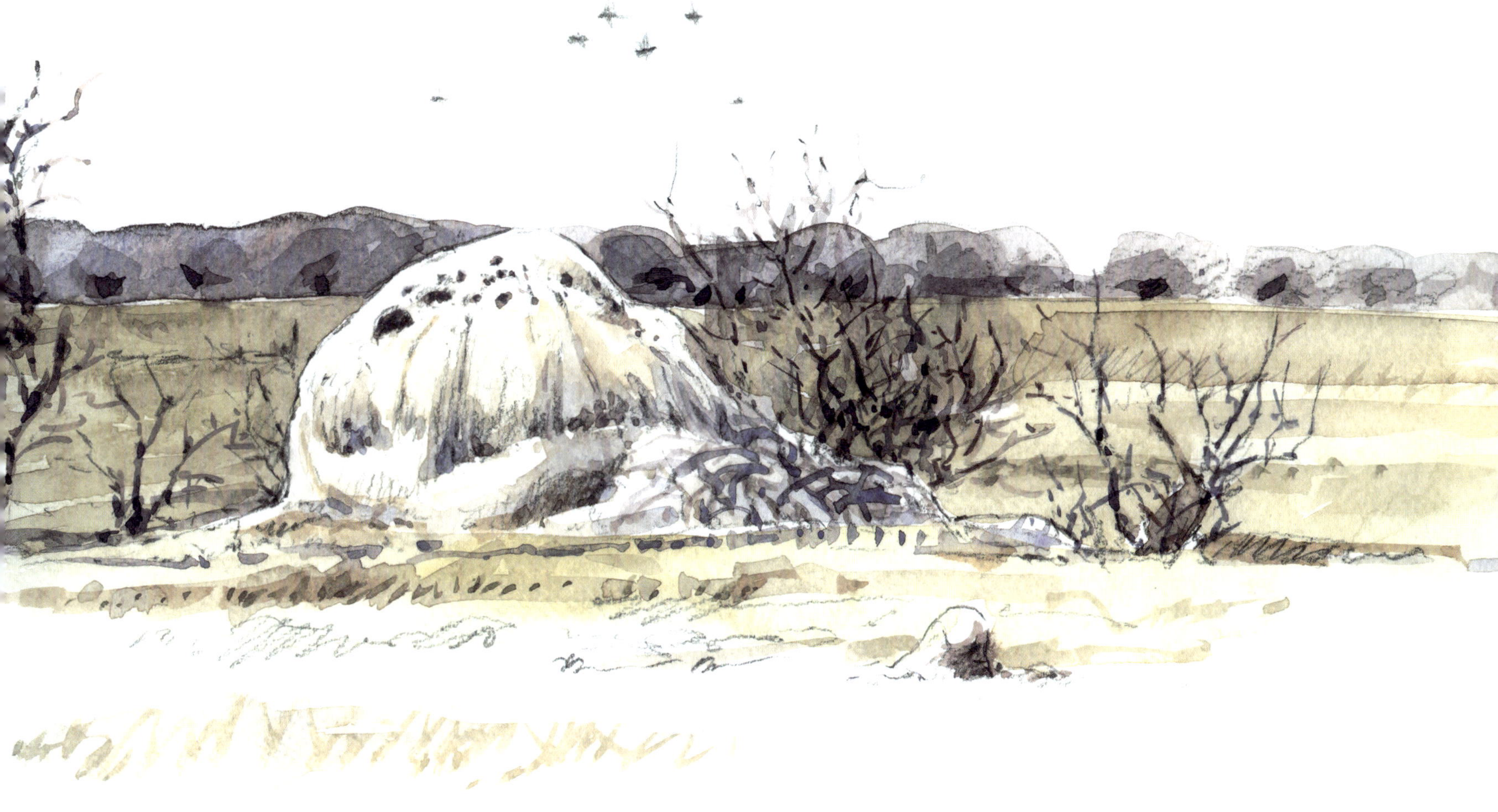

P.N. Etosha   Termiteros, cebras
en sabana ramoneras

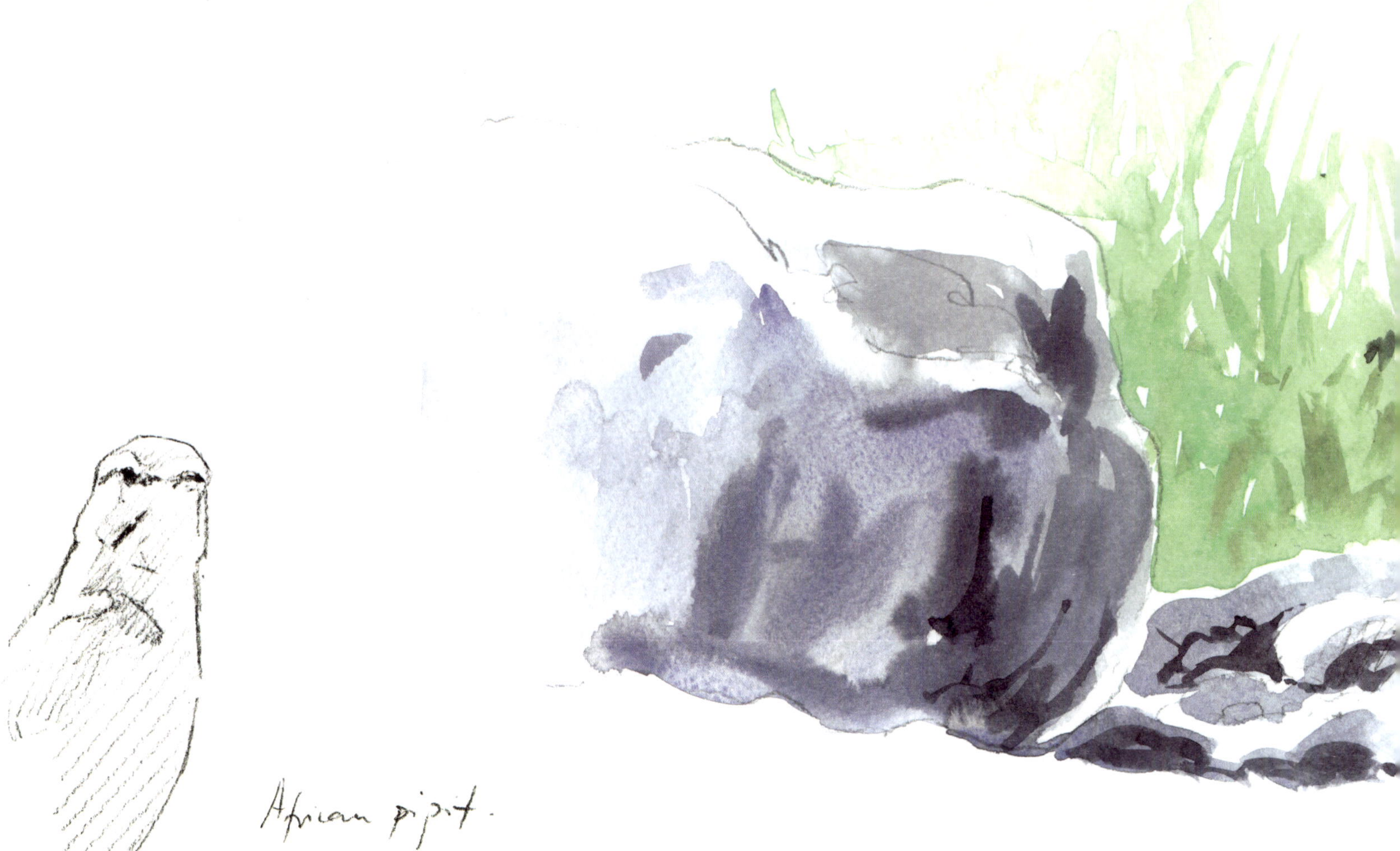

African pipit.
Rietfontein.
Acude a beber agua junto a otras spp. de aves.

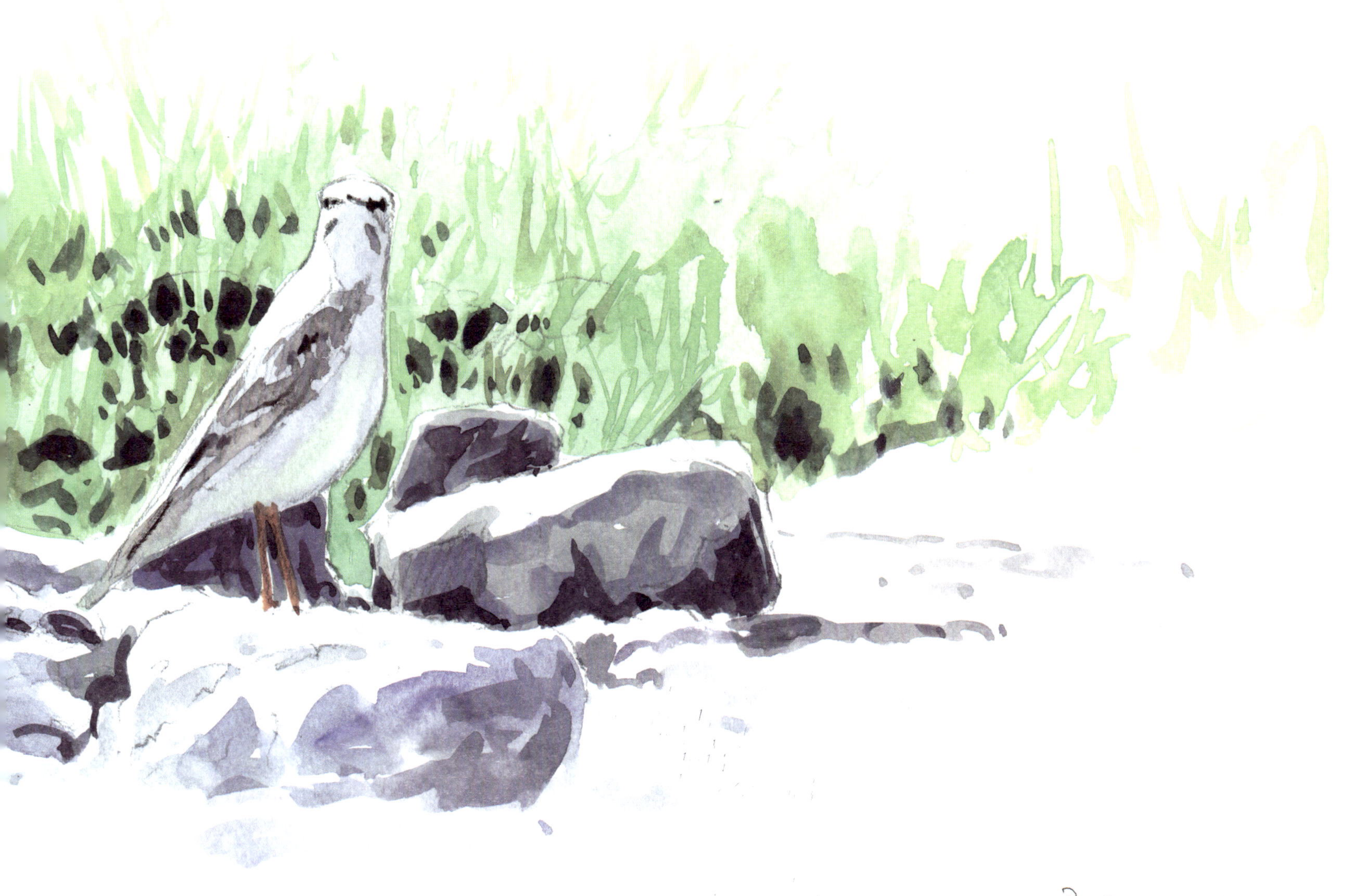

Bisbita africau

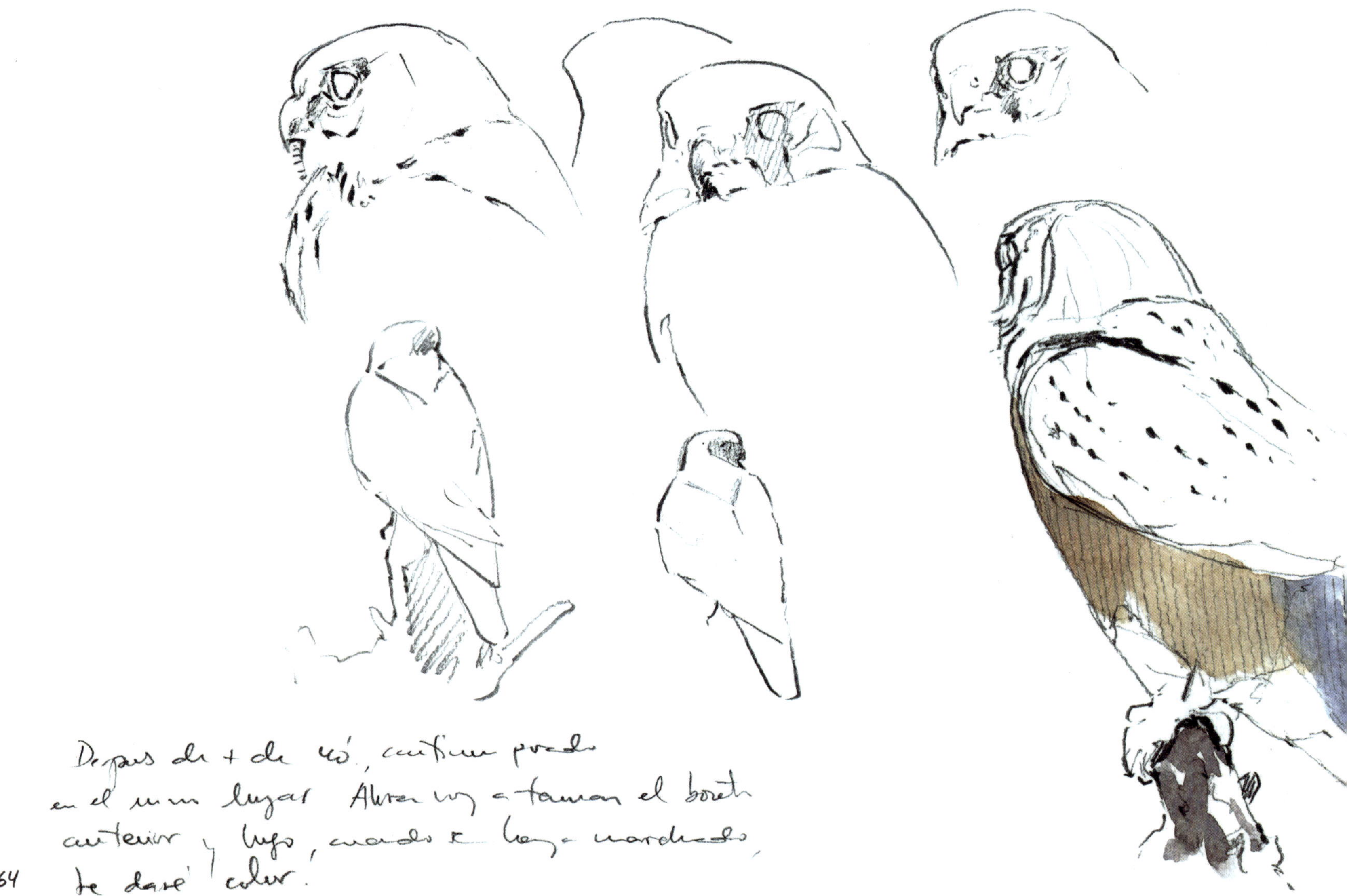

Despues de + de ½', continuo posado
en el mismo lugar. Ahora voy a tomar el
anterior y luego, cuando se haya marchado,
te daré color!

64

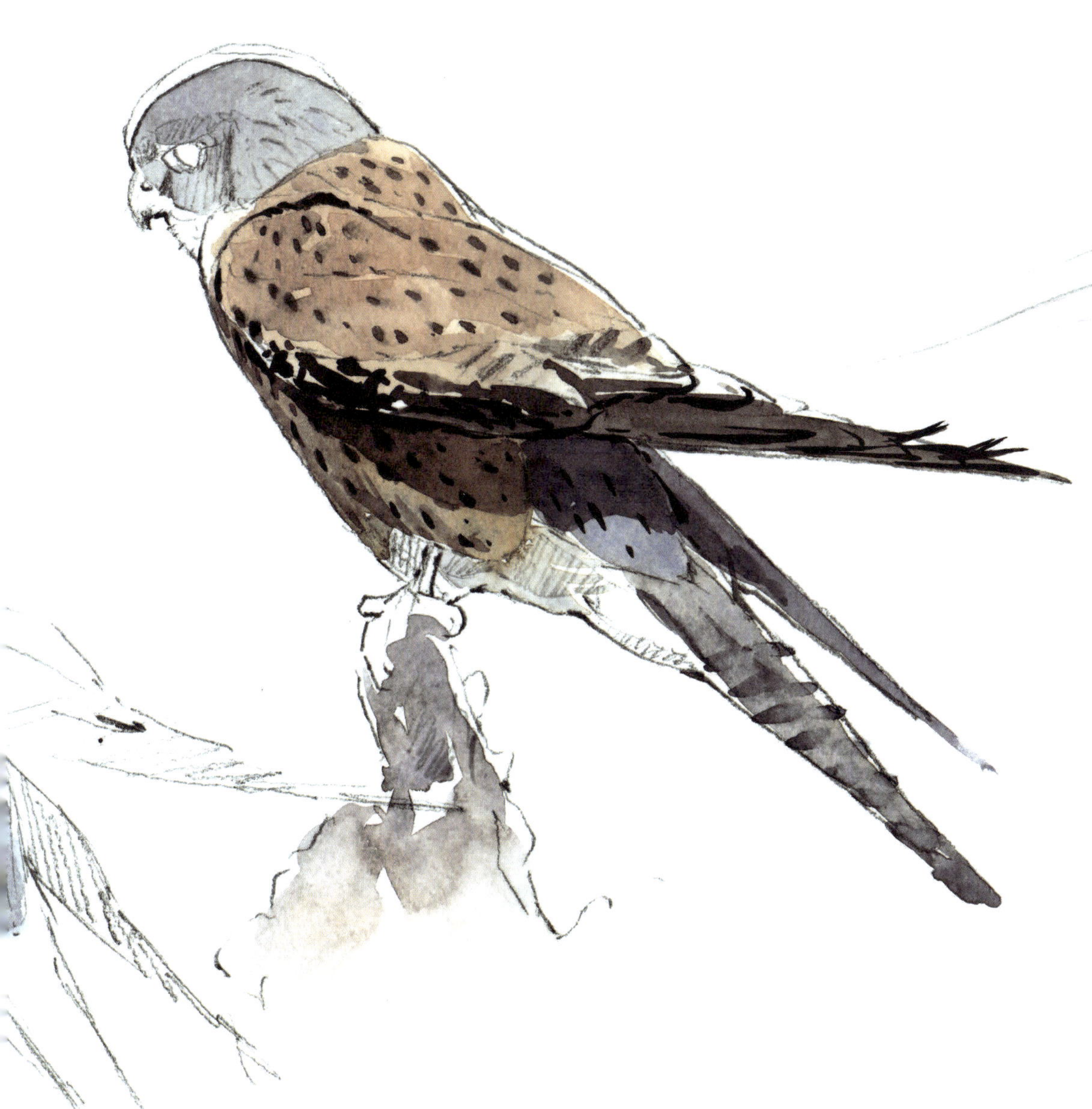

Ante este cernícalo africano, siento la emoción de sentirme integrado en este lugar en el que sus confiados habitantes siempre se quedan al verme llegar. Al mismo tiempo siento la tristeza de tener que abandonarlo, como siempre antes de tiempo, aunque mientras llega ese momento, ya estoy soñando con volver.

Faced with this rock kestrel, I feel the emotion of feeling integrated in this place, where its trusting inhabitants always stay around when they see me arrive. At the same time I feel the sadness of having to leave, always too soon, although while that moment comes I'm already dreaming of coming back.

El viento de costado le levanta su ala. Permanece confiado

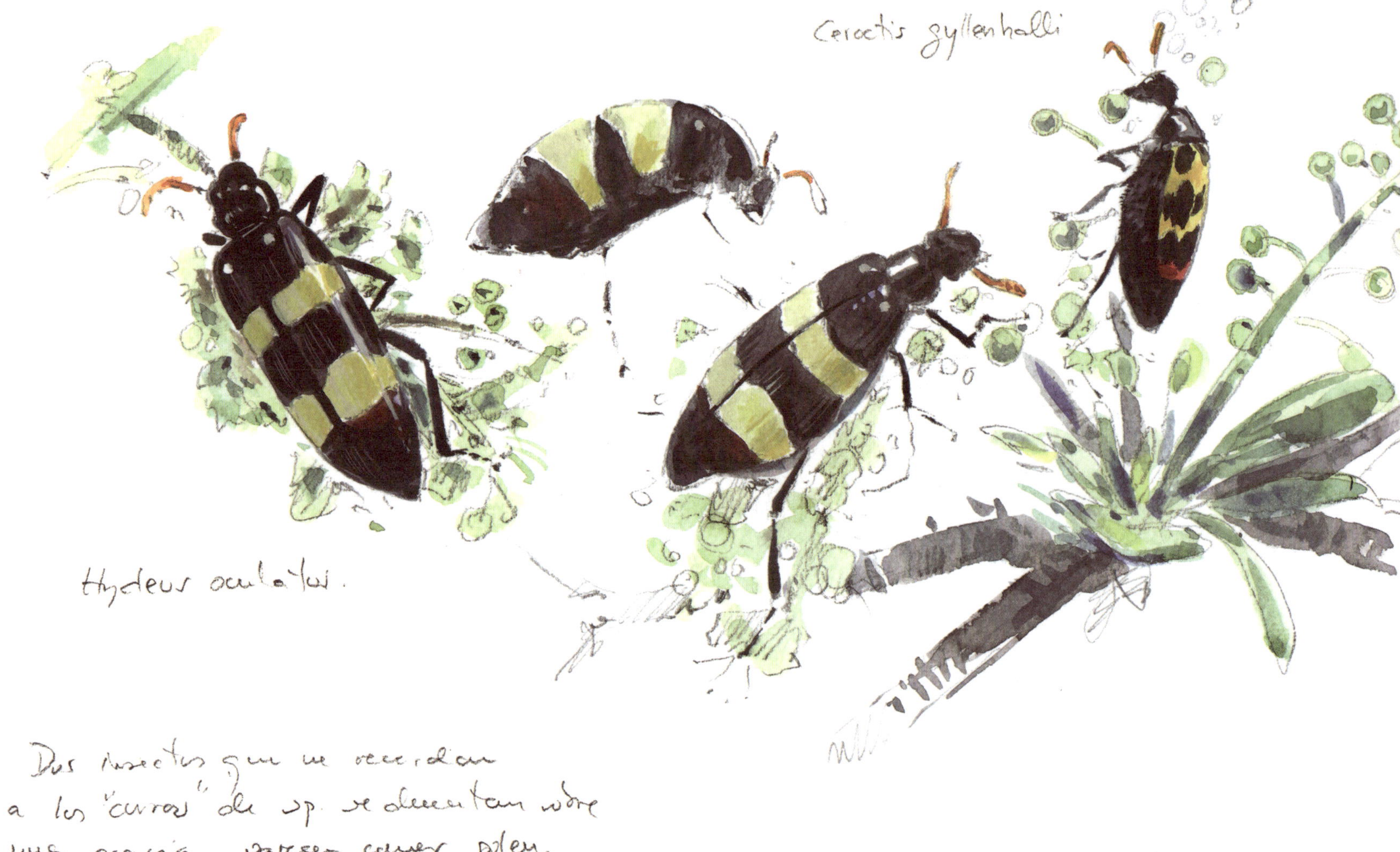

Dos insectos que me recuerdan
a los "curros" de sp. se alimentan sobre
una acacia, parecen comer polen.
El mayor de ellos apareció volando, vuelo ablsoplieqve!!
66 Ignidae paran obra perch a do.

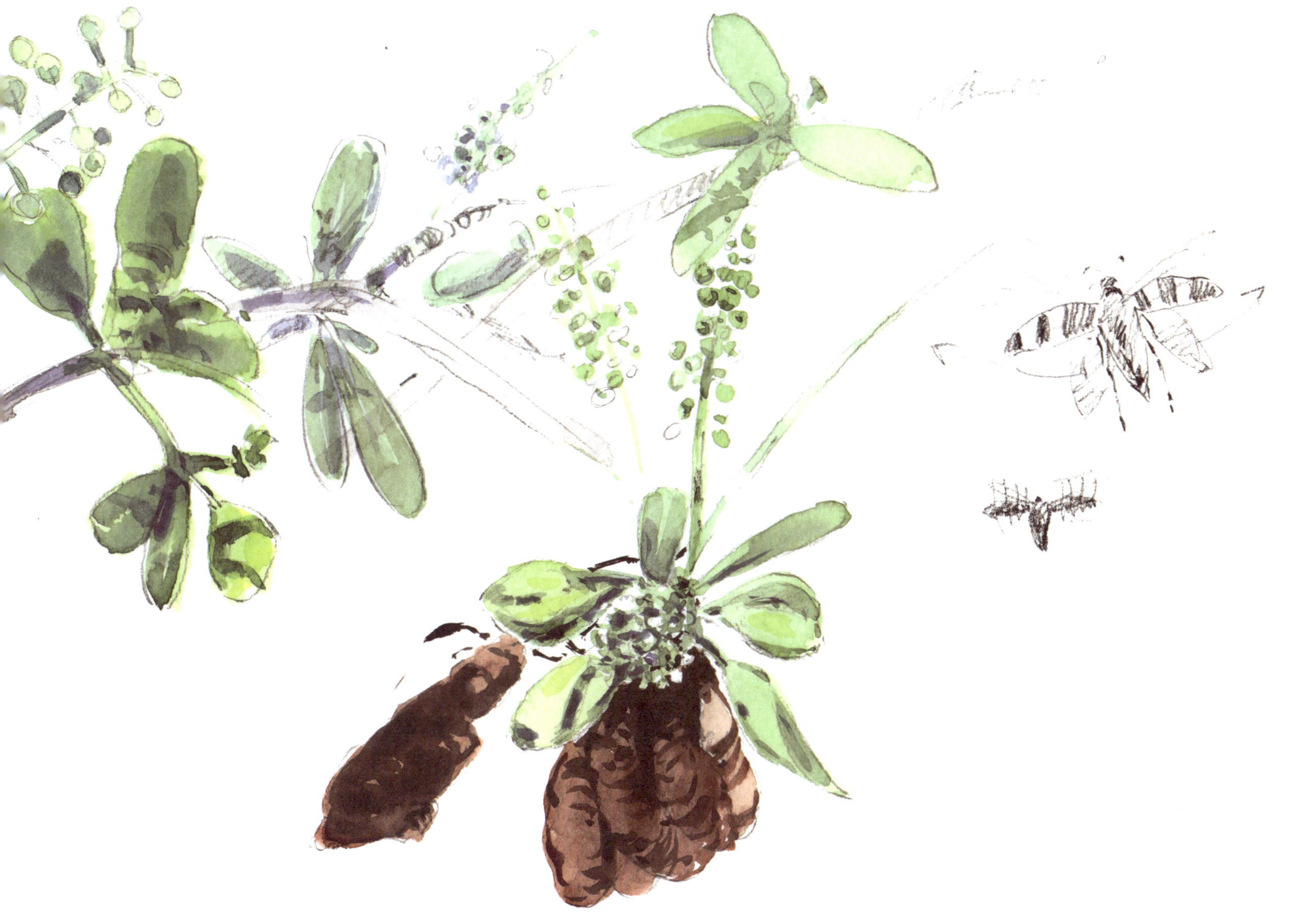

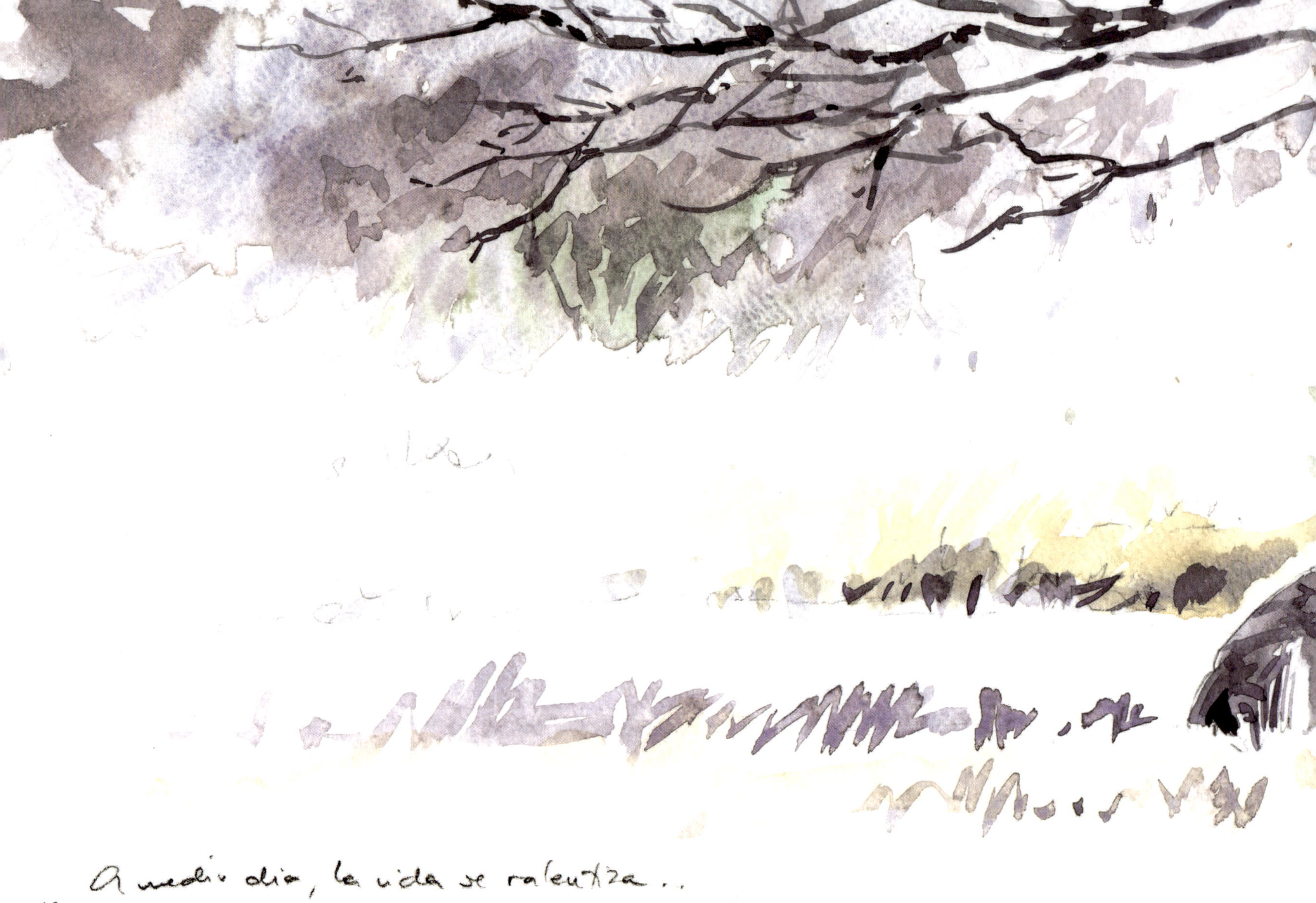

68

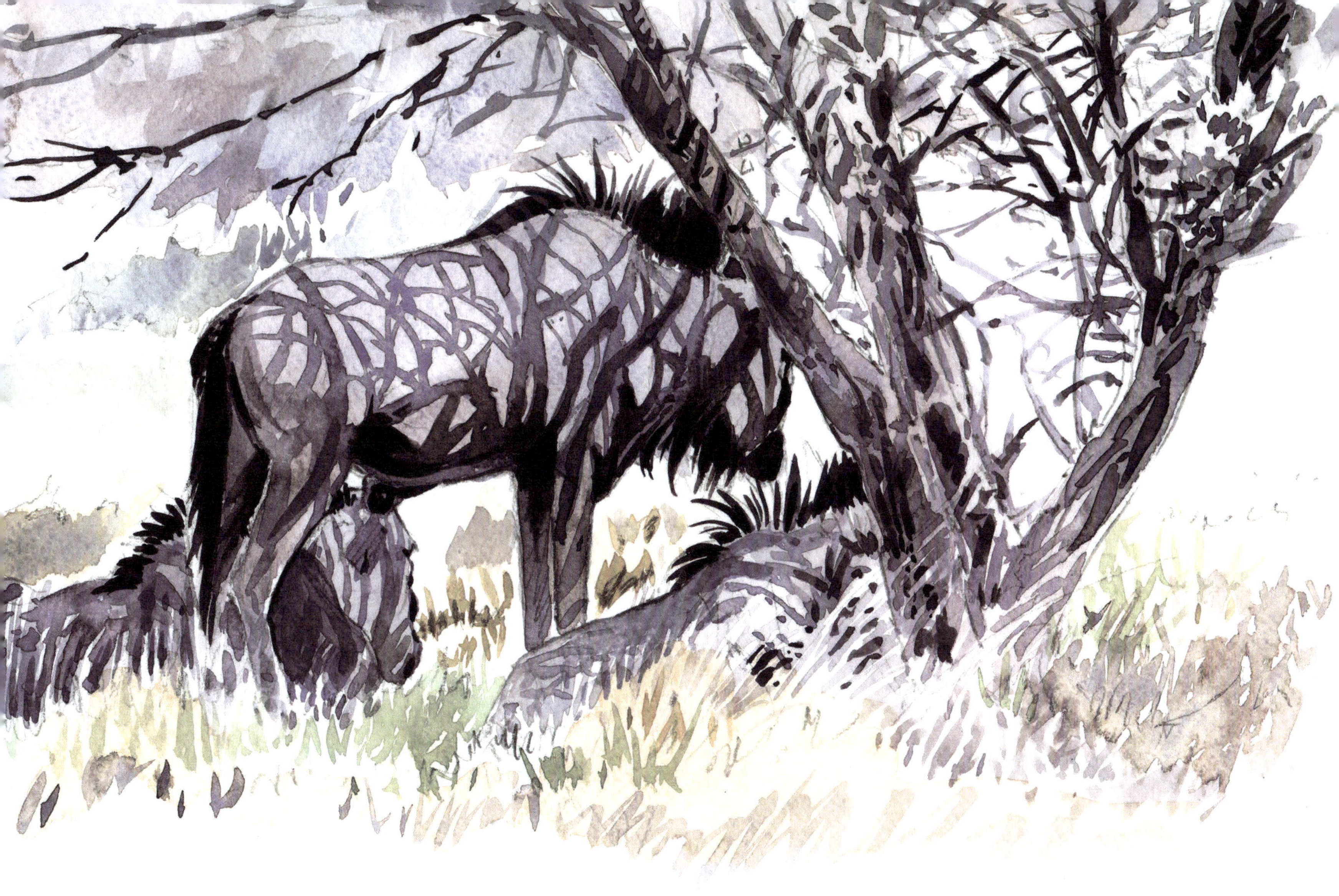

arbolado disperso en el área de Fischer's Pan. Namutoni.   Wildebest

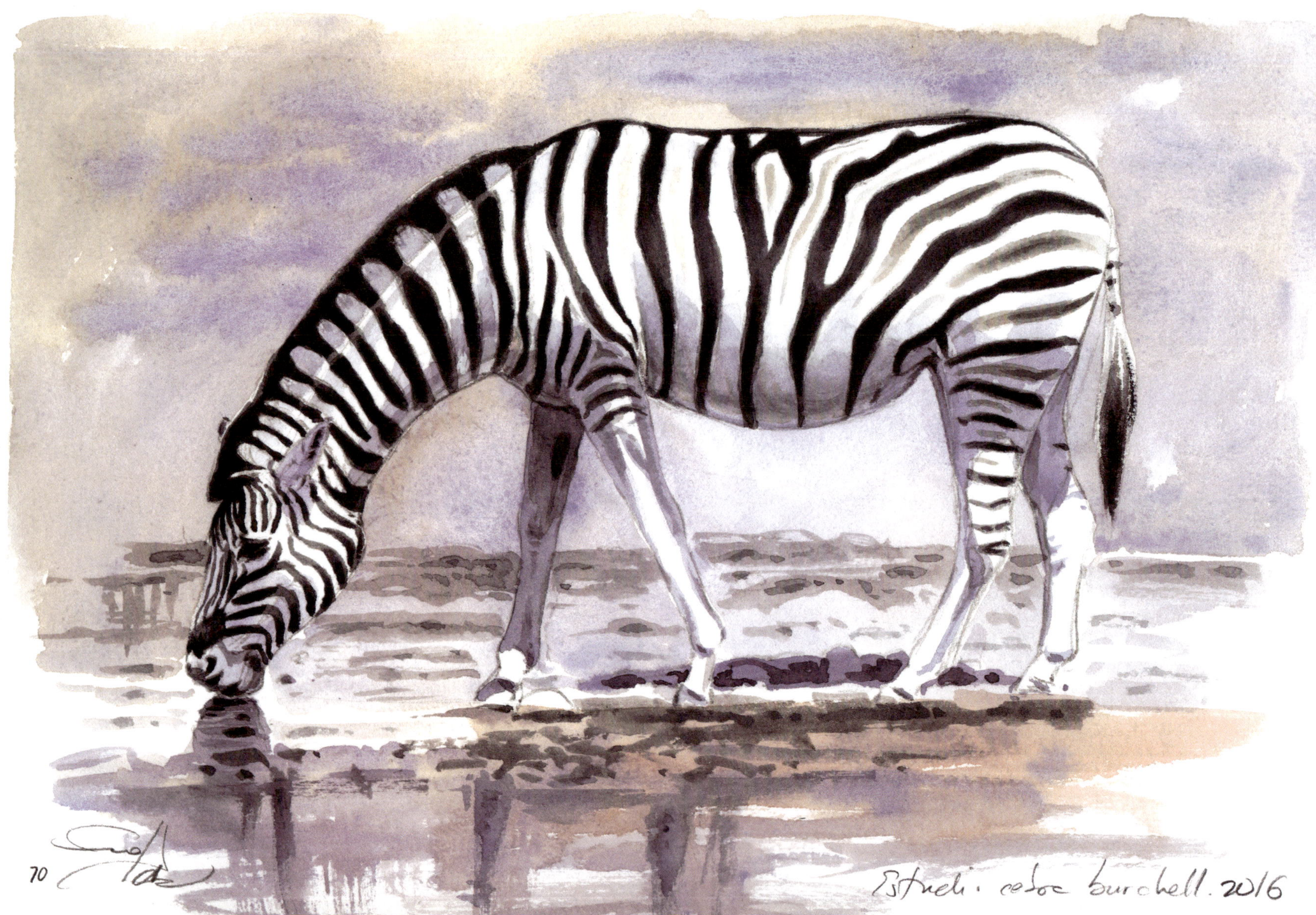

Estudi · cebra burchell. 2016

nota del autor

Todo el material que ilustra este libro es fruto de mi propia vivencia en el Parque Nacional de Etosha (Namibia), donde viajé en solitario en octubre de 2015 para vivir en primera persona la experiencia de un encuentro con su naturaleza, utilizando como principal medio de comunicación el dibujo.

Las técnicas utilizadas fueron el grafito y la acuarela sobre papel. En algunos dibujos utilicé pigmentos naturales.

La mayor parte de las páginas de este libro reproducen las de mis cuadernos de campo. Se han incluido trazos y bocetos inacabados que sirvieron para marcar el camino a otros que sí tomaron una forma concreta.

Tanto las charcas permanentes situadas en los campamentos de Okaukuejo, Halali y Namutoni, así como los paisajes y la fauna que fui encontrando en mis desplazamientos por las numerosas charcas del interior del parque, fueron mis lugares de trabajo; y la sombra de las acacias o el interior de un vehículo, mis improvisados estudios. Utilicé mi viejo telescopio terrestre para aproximarme a la fauna y estuve disponible para conversar con esa naturaleza de sol a sol, aunque muchas de las conversaciones que mantuve no forman parte de este libro.

author's note

All of the material that illustrates this book is the result of my own experience in the Etosha National Park (Namibia), where I travelled alone in October 2015 for a first-hand encounter with its nature; my main means of communication are drawings.

The techniques I used were pencil and watercolours on paper; I used natural pigments on some sketches.

Most of the pages in this book are reproductions of my fieldnotes. They include unfinished outlines and sketches I used as a stepping stone to others that did take shape.

The permanent waterholes found by the Okaukuejo, Halali and Namutoni camps, as well as the landscapes and fauna I discovered on my travels around the various waterholes in the park were my place of work; and the shade of the acacias or inside a vehicle were my improvised studios. I used my old spotting scope to get closer to the animals and I was ready to converse with nature from sunrise to sunset, although many of my conversations are not included in this publication.

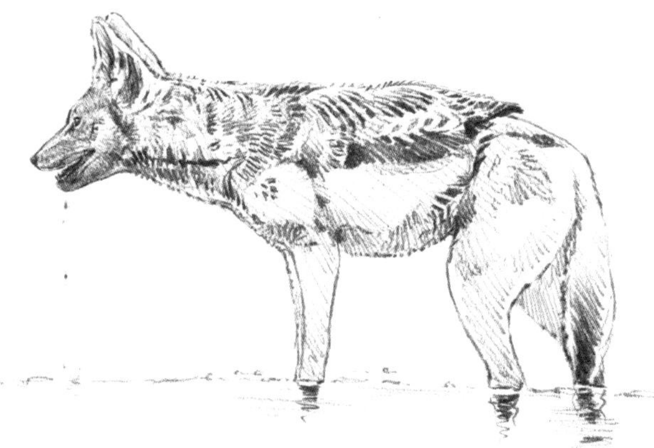

agradecimientos

Me gustaría transmitir mi agradecimiento a las siguientes personas.

A Christian Boix de África Geographic por el apoyo logístico y el patrocinio de parte de mi estancia en Namibia y, sobre todo, porque un día tuvo la idea de proponerme organizar safaris artísticos en África, lo que ha propiciado tanto el que este libro sea ya un hecho como el que uno de mis sueños, dibujar la naturaleza africana, ya se esté haciendo realidad. A Nacho Ruiz, mi editor, por creer en este proyecto desde el primer momento y por poner tanta ilusión y buen hacer en su materialización.

Gracias a Isabel García-Fernández por sus bellísimas palabras en la introducción de este libro y por compartir su fascinación y amor por la naturaleza de Namibia. A Benigno Varillas por su amabilidad en prologarlo, destilando en palabras el amor que profesa por la tierra de los 'San'.

Mi agradecimiento a Alberto López de Óptica Roma por poner a mi disposición el material fotográfico con el que documenté mi viaje a Etosha, y a Daniel Miranda de Arte Miranda que aportó parte de los materiales artísticos que utilicé para hacer estos dibujos y acuarelas.

Mi agradecimiento a Gerson Jomo y a Ndahafa Saimi por su ayuda y compañía en tierras de Otjiwarongo. Y a María Diekmann y Margaret, de REST, así como a Sheryl Key-Moore, de Cheetah Conservation Found (CCF), por todas las facilidades y por su hospitalidad.

Gracias a todas las personas que de un modo u otro me han ayudado y alentado en este "viaje". Y muy especialmente gracias a Raquel, a Iván, a Adrián, a mis padres y a toda mi familia por vuestro apoyo incondicional.

acknowledgements

I would like to convey my thanks to the following people.

To Christian Boix from Africa Geographic for the logistical support and sponsoring part of my stay in Namibia and, above all, because one day it occurred to him to propose that I organise artistic safaris to Africa. This has meant that this book is now a reality and that one of my dreams, drawing African nature, is coming true. To Nacho Ruiz, my publisher, for believing in this project from the outset and for putting so much care and attention into bringing it to life.

Thank you to Isabel García-Fernández for her beautiful words in the introduction to this book, and for sharing her fascination and love of the nature of Namibia. To Benigno Varillas for kindly providing a prologue, putting into words his love for the land of the San.

My thanks to Alberto López from Óptica Roma for supplying all the photographic material used to document my trip to Etosha; and to Daniel Miranda from Arte Miranda who contributed some of the art materials I used to create these drawings and watercolours.

My thanks to Gerson Jomo and Ndahafa Saimi for their help and company in Otjiwarongo; to María Diekmann and Margaret, from REST; and also to Sheryl Key-Moore, from the Cheetah Conservation Found (CCF), for all her help and hospitality.

Thank you to all people who have in some way helped or encouraged me on this "journey". And a very special thanks to Raquel, Iván, Adrián, my parents and all my family for your unconditional support.

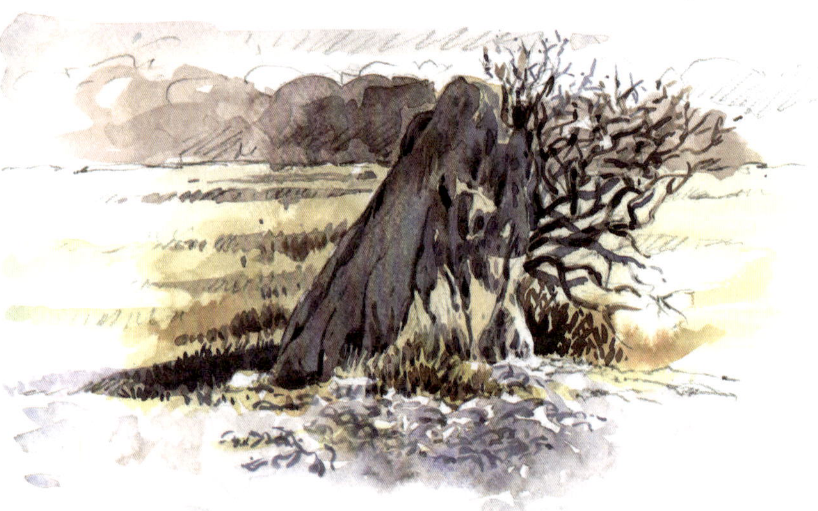